国家卫生健康委员会"十四五"规划教材

全国中等卫生职业教育教材

第2版

供眼视光与配镜专业用

人际沟通技巧

主　编　钱瑞群　黄力毅

副主编　梁震文

编　委（按姓氏笔画排序）

古伊琳（广州财经商贸职业学校）

钱瑞群（广州财经商贸职业学校）

黄力毅（安徽省淮南卫生学校）

梁震文（广州财经商贸职业学校）

人民卫生出版社

·北京·

图书在版编目（CIP）数据

人际沟通技巧 / 钱瑞群，黄力毅主编 . —2 版 . —
北京：人民卫生出版社，2022.6
ISBN 978–7–117–33095–4

Ⅰ.①人…　Ⅱ.①钱…②黄…　Ⅲ.①人际关系学 –
中等专业学校 – 教材　Ⅳ.①C912.11

中国版本图书馆 CIP 数据核字（2022）第 083596 号

人卫智网　www.ipmph.com	医学教育、学术、考试、健康， 购书智慧智能综合服务平台	
人卫官网　www.pmph.com	人卫官方资讯发布平台	

人际沟通技巧
Renji Goutong Jiqiao
第 2 版

主　　编：钱瑞群　黄力毅
出版发行：人民卫生出版社（中继线 010-59780011）
地　　址：北京市朝阳区潘家园南里 19 号
邮　　编：100021
E - mail: pmph @ pmph.com
购书热线：010-59787592　010-59787584　010-65264830
印　　刷：保定市中画美凯印刷有限公司
经　　销：新华书店
开　　本：850×1168　1/16　印张：5.5
字　　数：117 千字
版　　次：2016 年 7 月第 1 版　2022 年 6 月第 2 版
印　　次：2022 年 8 月第 1 次印刷
标准书号：ISBN 978-7-117-33095-4
定　　价：30.00 元
打击盗版举报电话：010-59787491　E-mail: WQ @ pmph.com
质量问题联系电话：010-59787234　E-mail: zhiliang @ pmph.com
数字融合服务电话：4001118166　E-mail: zengzhi @ pmph.com

出 版 说 明

为全面贯彻党的十九大和十九届历次全会精神，依据中共中央办公厅、国务院办公厅《关于推动现代职业教育高质量发展的意见》要求，更好地服务于现代卫生职业教育高质量发展的需求，适应党和国家对眼视光与配镜技术职业人才的需求，贯彻《"党的领导"相关内容进大中小学课程教材指南》文件精神，全面贯彻习近平总书记关于学生近视问题的重要指示批示精神，全面落实《儿童青少年学习用品近视防控卫生要求》（GB 40070—2021）国家标准要求，人民卫生出版社在教育部、国家卫生健康委员会的指导和支持下，启动全国中等职业学校眼视光与配镜专业第三轮规划教材修订工作。

本轮教材全面按照新国家标准《儿童青少年学习用品近视防控卫生要求》（GB 40070—2021）进行排版和印刷：正文排版用字从上版的 5 号宋体字调整为小 4 号宋体字，行间距从 2.0mm 调整为 3.0mm；内文纸张采用定量 70.0g/m² 的胶版纸；其他指标如纸张亮度、印刷实地密度值、套印误差均达到新国标要求，更利于学生健康用眼、健康学习。

本轮眼视光与配镜技术专业规划教材修订工作于 2021 年底启动。全套教材品种、各教材章节保持不变。人民卫生出版社依照最新学术出版规范，对部分科技名词、表格形式、参考文献著录格式进行了修正；对个别内容进行调整，加强了课程思政内容，以更好地引导学生形成正确的人生观、价值观和世界观；根据主编调研意见进行了其他修改完善。

本次修订时间较短，限于水平，还存在疏漏之处，恳请广大读者多提宝贵意见。

人民卫生出版社

眼视光与配镜专业第二轮规划教材
编写说明

为全面贯彻党的十八大和十八届三中、四中、五中全会精神，依据《国务院关于加快发展现代职业教育的决定》要求，更好地服务于现代卫生职业教育快速发展的需求，适应卫生事业改革发展和对眼视光与配镜技术职业人才的需求，贯彻《医药卫生中长期人才发展规划(2011—2020年)》《现代职业教育体系建设规划(2014—2020年)》文件精神，人民卫生出版社在教育部、国家卫生和计划生育委员会(简称"卫计委")的指导和领导下，按照教育部颁布的《全国中等职业学校眼视光与配镜专业教学标准》(简称"《标准》")，在全国验光与配镜职业教育教学指导委员会(简称"行指委")直接指导下，经过广泛的调研论证，成立了全国中等职业学校眼视光与配镜专业教材建设评审委员会，启动了全国中等职业学校眼视光与配镜专业第二轮规划教材修订工作。

为了全方位启动本教材的建设工作，经过了一年多调研，在卫计委和验光与配镜行指委的领导下，于2015年4月正式启动了本轮教材的编写工作。本轮教材的编写得到了广大眼视光中职院校的支持，涵盖了14个省、自治区、直辖市，28所院校及企业，共约60位专家、教师参与编写，充分体现了教材覆盖范围的广泛性，以及校企结合、工学结合的理念。

本轮眼视光与配镜技术专业规划教材与《标准》课程结构对应，含专业核心课和专业选修课。专业核心课教材共6种，将《标准》中的验光实训和定配实训内容分别并入《验光技术》和《定配技术》教材中；考虑到眼视光与配镜技术专业各中职院校教学情况的差别，以及各选修课的学时数量，经过评审委员会讨论后达成一致意见，增加2门专业选修课教材《眼病概要》和《人际沟通技巧》，其中《眼病概要》含全身疾病的眼部表现内容。

本套教材力求以学生为中心，以学生未来工作中会面临的任务和需要的能力为导向，适应岗位需求、服务于实践，尽可能贴近实际工作流程进行编写，并以"情境"和"任务"作为标题级别，代替传统的"章"和"节"。同时，在每一"情境"中设置"情境描述""知识准备""案例"等模块，将中高职衔接的相关内容列入"知识拓展"中，以达到"做中学"、学以致用的目的。同时为方便学生复习考试，增加"考点提示"，提高学生的考试复习效率和考试能力。

本系列教材《验光技术》《定配技术》《眼镜门店营销实务》《眼视光基础》《眼镜质检与调校技术》《接触镜验配技术》6本核心教材和《眼病概要》《人际沟通技巧》2本选修教材将于2016年全部出版。

2015年10月

第1版前言

当今社会,擅长人际交往和沟通是人才必备素质之一。沟通能力已成为一个人综合素质的直接体现和一个人可持续发展的根本保障。因此,"人际沟通"课程显得尤为重要。近年来,各学校纷纷开设该课程,不少中高等职业院校将此课程作为面向所有专业学生开设的公共必修课,把培养学生的沟通技能作为重要任务。"人际沟通"是眼视光与配镜专业的主要课程,主要培养学生在眼视光工作实践中的人际沟通与交往能力,使其形成良好的沟通态度,具有良好的沟通协调能力和团队合作能力,创造和谐的人际关系,提高学生的综合素质。

本教材是国家卫生和计划生育委员会"十二五"规划教材,全国中等职业学校眼视光与配镜专业规划教材。本教材的编写紧贴职业教育的发展目标与教材改革方向,采用"案例引导、任务驱动"的方式,理论与实践并重,保证了教材的科学性、启发性和创新性,并立足中等职业教育"教、学、做"一体化的教学特色,设计教材内容。

本教材在充分审视中等职业教育眼视光与配镜专业学生的知识文化和岗位定位的基础上开展编写,注重眼视光专业特点,具有以下特色:第一,教材内容充分考虑眼视光专业学生主要就业岗位、相关岗位和发展岗位的职业特点。第二,在兼顾学生所学专业和就业的同时,教材传承了传统教材注重理论的优点,详尽介绍了人际关系、礼仪与沟通的基本原理。第三,教材编写体例兼顾传统与创新,既保留了传统教材章节的体例,又创新地采用"案例引导、任务驱动"的方式,融理论、案例、实践为一体——案例丰富,强调职业特色;突出实训任务,可操作性强,注重培养学生实践能力;基本原理详尽,强调理论指导实践。

本书由钱瑞群和黄力毅任主编,梁震文任副主编。具体分工为:钱瑞群编写前言和第二章,黄力毅编写第五章,梁震文编写第一章,古伊琳编写第三章和第四章。另外,本书最后由李楚琪校对全书文字。

在编写过程中,参考了大量同类书籍、报刊文献及网络资料,在此向各位专家、学者和作者表示诚挚的感谢和崇高的敬意。

为了进一步提高本书的质量,以供再版时修改,因而诚恳地希望各位读者、专家提出宝贵意见。

钱瑞群

2016 年 3 月

目　录

第一章
人际沟通概述

● 教 学 目 标 ●

1. 了解人际沟通的概念和种类,并能在日常生活中用心体会。
2. 认识沟通对人际关系的影响,并能在实际沟通中产生良性的互动。
3. 把握人际沟通的原则,懂得综合运用这些原则来改善人际关系。
4. 熟悉人际沟通的技巧,达到提升人际交往能力的目标。

● 第一部分 案例

➤ 案例 1-1

小张和小李都在同一个贸易公司工作,从事运动鞋的对外贸易买卖。有一次,小张和小李共同负责的一个项目由于工作的失误,把本该运往国外的 1 000 双运动鞋中的 200 双蓝色运动鞋错误地运了 200 双绿色运动鞋过去。结果对方大发雷霆,一方面抗议我方的办事态度,另一方面也要追究我方的责任。

贸易公司总经理把小张和小李都叫来,想问清情况。面对总经理的大声呵斥,小张不以为然,还安慰总经理:"总经理,没事的! 不就是 200 双运动鞋吗? 顶多我马上重新给他们发货,然后让他们把那 200 双运动鞋邮寄回来。顶多其中产生的运费从我的工资中慢慢扣还。"总经理一听,脸色变得乌黑,马上对小张说:"运费不用扣你的了,但我这里也容不下你了,你走吧! "

这个时候,小李态度诚恳地对总经理道歉:"总经理,由于我的失误给公司声誉带来如此大的损害,非常对不起! 我愿意承担所有的后果! 您看这样行不行,我马上联系国外公司,给他们道歉,请求他们的原谅! 另外看能否在影响对方的最低限度上重新给他们发货,并且我请求公司能否在下次他们订我们公司货物时,给予 5% 的折扣优惠! 我保证以后会认真工作,不会再出现这样的事情,对不起! "总经理听完后,对小李说:"这次先记你一次大过! 你马上按你说的去办,尽量要把这个客户留下来! "

事后,小张很不服气地对小李说:"为什么我和你同时犯错,总经理对你我的处理却如此不同！是不是总经理太偏心了？"

（资料来源：作者原创）

➢ **思考**

1. 这个案例给你什么启示？

2. 在面对危机事件时，我们要如何进行沟通化解危机？

➢ **讨论**

1. 小张和小李同时犯错，比较两人的做法，讨论为何两人的结果会有如此不同。

2. 我们要从小李身上学习什么？（引导学生思考并进行讨论。）

➢ **案例 1-2**

小君从医药学校毕业后，通过应聘顺利地进入本地一家综合医院的儿科担任护士。小君的工作就是负责给生病住院的婴幼儿分发食品和药物，并要安抚患儿的情绪。一开始，小君觉得这个工作很简单。"不就是照顾小孩子吗？这还不容易！"小君这么想。

两个星期后，事情并没有像小君想得这么简单。小君开始陆续地接到一些患儿家长的投诉，投诉内容主要是小君没有尽好一个护士的责任，工作不够耐心，往往话没说清楚就掉头走人忙其他事去了。

小君知道这些投诉后，觉得很委屈。她向科室主任解释："主任，怎么回事呀？每个患儿的医嘱和药物分量我都很清楚地写下来给家长看，而且把该注意的地方我都和家长说过一遍！我的工作事情多，面对的不仅仅是一个小孩，当然是需要跑来跑去忙个不停了！他们有不明白的可以再问我啊，为什么要投诉呢？"

科室主任了解事情后，敲了敲小君的脑瓜子，语重心长地说："你呀！就是太年轻了，没有照顾到病人家属的感受！你想一下，家长陪着患儿住院，本身就很担心、很着急，他们多么希望医师、护士能多照看一下他们的小孩，多说一些安慰、宽心的话。你倒好！放下药物就走开，人家家长当然认为你是一个缺乏耐心和很难沟通的人，这对于我们医务人员来说，是大忌！须知道，医术和医德，都是同样重要的呀！假如你跟病人都沟通不了，那么试问怎么做一个称职的医务人员呢？"

➢ **思考**

1. 这个案例给你什么启示？

2. 为什么小君在认为已做到工作本分后，仍然会受到投诉呢？

➢ **讨论**

1. 面对不同的群体，是否要采取不同的沟通方式才能达到最佳效果？

2. 我们要从小君身上吸取什么教训？（引导学生思考并进行讨论。）

● 第二部分 知识

一、人际沟通概述

人际沟通是人际产生良好关系的润滑剂,也是人与人之间身心互动的必要动作,更是人际互相吸引的钥匙。在人际关系建立、改善、发展的过程中,人际沟通起到了基础性的作用,同时人际沟通的理念也是人际关系中的关键要素。

(一)人际沟通的概念

人际沟通是指信息传播者(沟通者)通过语言或非语言的渠道,将意见、态度、知识、观念、情感等一系列的信息,传递给对方的过程。在这个过程中涉及信息传播者、信息本身、沟通渠道、信息接收者四个因素,各个因素都对是否能正确沟通有重大影响,而且这个过程是彼此关联、环环相扣的。

人与人之间的信息交流过程就是沟通过程。人际沟通可以发生在人和人之间,也可以发生在人和群体或群体与群体之间,还可以发生在大众传播之间。不管发生在什么情况下,人际沟通总是沟通者为了达到某种目的、满足某种需要而展示的。

1. 信息传播者 信息传播者是指将信息传达出去的人,是沟通的源头。善于沟通表达者,可能能言善道,能够把复杂的信息深入浅出地传递给信息接收者。

2. 信息本身 信息是指沟通中所要表达的内容,既包括了语言的内容,也包括了非语言的内容。

3. 沟通渠道 沟通渠道是指传递信息的方法。一般来说,沟通渠道可分为语言沟通及非语言沟通两种方式。优秀的演讲者虽然主要以语言来表达,但是他们更懂得运用手势、肢体动作与声调、走位等,来辅助强调他的语言信息。不论是亲子关系,还是夫妻关系、朋友关系,在语言上经常表达关心之外,如还能善用非语言沟通,多些拥抱、拍肩,多用些温柔的语气,多传达关爱的眼神,便会让生活更丰富,让人际关系有更多的感动与心领神会。

4. 信息接收者 信息接收者是指在沟通过程中接收信息的人。

总的来说,人际沟通要经过沟通过程中四个因素的相互影响。信息传播者、所传递的信息内容、通过哪种沟通渠道来表达以及信息接收者这四个因素都会影响人际沟通。

(二)人际沟通的种类

1. 按照沟通的方法划分为口头沟通、书面沟通、非语言沟通、电子媒介沟通等。

(1)口头沟通:口头沟通是指人们运用言语所进行的信息交流,如谈话、访问、电话、电视、报告、演讲、会议,等等。

(2)书面沟通:书面沟通是指人们运用文字所进行的信息传递,如书信、记录、报纸、网络、书籍、广告,等等。

(3)非语言沟通:非语言沟通是指通过人的动作、表情等体态进行的信息沟通,包括个体的面部表情、手势动作、姿势、声调、态度、人与人的位置、距离等形式。

(4) 电子媒介沟通:电子媒介沟通是新时代广泛运用的沟通模式。它是指通过传真、闭路电视、计算机网络、电子邮件、各种即时通信工具等电子媒介进行的信息沟通。

2. 按照组织系统划分为正式沟通和非正式沟通。

(1) 正式沟通:正式沟通是指通过组织明文规定的渠道进行信息的传递和交流。

(2) 非正式沟通:非正式沟通是指在正式沟通渠道之外进行的信息传递和交流。

3. 按照信息传递的方向划分为下行、上行和平行沟通。

(1) 下行沟通:下行沟通是上级制定的目标、规章制度、工作程序等向下传达。

(2) 上行沟通:上行沟通是指下级的意见向上级反映。上行沟通的渠道可以有单位员工座谈会、设立意见箱、定期的汇报制度等。

(3) 平行沟通:平行沟通是指各级别相同的平行组织之间的信息交流。保证平行组织之间沟通渠道的通畅,是减少各部门之间冲突的重要途径。

4. 按照是否进行反馈划分为单向沟通和双向沟通。

作报告、发指示、作演讲等是单向沟通;而产品介绍、交谈、协商、会谈、座谈会等是双向沟通。

(三) 人际沟通的特性

1. 人际沟通的目的性　人际沟通的终点就是要获得良好的人际关系,这就是人际沟通的目的。从人际关系的开始沟通、继续沟通,一直到沟通的完成,这个过程包括了很多沟通因素的相互作用。

2. 人际沟通的互动性　人际沟通是人与人之间在心灵上及行动上的相互作用、相互吸引、相互好感、相互感染等一系列的互动性活动。沟通是有来有往的,而不只是单一方面的行为表现。在沟通的过程中,双方对在沟通过程中所达成的共识与关系均负有责任。因此,沟通是彼此相互连接的过程。

3. 人际沟通的复杂性　人类是具有活动性的理性动物,人类的理智作用与判断作用都会随着身边的人、时、地、事、物的变动而频加变化。人际网络、社会情况、历史背景、文化习俗与生活价值等因素都会随时随地牵动及改变人心的想法,这些人际的点、线、面的综合因素都是错综复杂的。人际沟通在人心的活动性、变化性、不定性及外在诸多因素的多元影响之下,自然形成不定性和不定形的复杂性。

4. 人际沟通的社会性　人际沟通通过沟通主客体之间的情绪互动作用以及行为的交互动作来完成沟通过程。人际沟通通过运用人、事、时、地、物五大人际要素,通过人际语言、文字、信息、符号、道具或媒介物等促进沟通双方的互相了解,进而整合出共同的理念。人际沟通的目的就是建立人际关系、改善人际关系、发展人际关系。

在人群生活中,人际互动及相互影响的生活过程中,个人为了生存,为了生活常常会有社会性的文化适应,才可以在群众生活中与其他人共同生活。在群众中的社会文化的心理共识及共同活动中,实际上参与人际沟通及人际互动的每一个人,为了融入社群的心理共识和行为的共同活动,都会自然地接受社会性的文化同化。在个人与他人的人际沟通与人际互动中,通过文化的同化作用,产生共识和行为的一致性,人际沟通才能得以完成和发展。人际沟通无论是在人与人之间,还是在团体之间,都会受到社群人际的文化导引,通过文化同化的作用,达成社会性的文化适应。所以,人际沟通是一种社会生活文化。

人与人之间的信息交流过程就是沟通过程。人际沟通可以发生在人和人之间,也可以发生在人和群体或群体与群体之间,还可以发生在大众传播之间。不管发生在什么情况下,人际沟通总是沟通者为了达到某种目的、满足某种需要而展示的。

与人沟通,是要讲道德的,中华民族的传统美德表现在具体的行为,如礼貌、节俭、勤劳、谦让上。美国石油大王洛克·菲勒说过:"人际沟通能力就犹如空气和水源,对人们而言,是缺一不可的。"可见人际关系沟通是多么的重要。

二、沟通对人际关系的影响

(一) 沟通的内涵

广义的沟通包括人和人、群体和群体、人和群体的沟通,我们现在学习的是人与人的沟通。沟通是人与人之间运用信息媒介,进行信息传递和反馈,以相互理解协调关系的全过程,是人际关系交往的工具和手段。

信息媒介包括信息符号和信息通道。信息包括事实信息、观念信息和情感信息,理解是一个过程。信息是沟通的核心,沟通渠道和环境是信息传递的通道,信息接收者是译码者,最后引起心理、生理、思想和行为等的改变。

沟通是各种技能中最富有人性化的一种技能。社会就是由人互相沟通所形成的网络。沟通渗透于人们的一切活动之中,人们已经习惯了生活在沟通的汪洋大海中,很难设想,要是没有沟通,人们该怎样生活。美国相关机构曾经对 25 名优秀的管理人员进行调查,发现他们有 76% 的工作时间是用于非正式接触的。在现代信息社会,管理人员对信息的搜索、加工和处理能力已经成为决定其职场竞争力的关键因素。要成为一名优秀的管理人员,必须具备良好的沟通能力。

具体来说,要正确理解沟通的含义,可以从下述几点来把握:

1. 有效的沟通既要传递事实,又要传递发送者的价值观及个人态度。

2. 有效的沟通意味着信息不仅被传递,而且还要被理解。

3. 有效的沟通在于双方能准确地理解彼此的意图。

4. 沟通是一个双向动态的反馈过程。这种反馈并非一定要通过语言表现出来,接收者也可以通过其表情、目光、身体姿势等形式将信息反馈给传递者,从而使发送者得知接收者是否接收与理解其所发出的信息,并了解接收者的感受。

(二) 沟通的基本要求

1. 尊重他人 在日常工作生活中,面对各种不同的人,如对朋友、对同事、对客户、教师对学生、医师对患者、公务员对市民等,大家经常见面,沟通活动都在反复进行着,双方都要尊重对方。特别是现在的公司领导对员工、医师对患者、老师对学生、公务员对市民，均有一种居高临下之势，沟通的双方难以实现平等对话，活动、工作难以得到有效开展。

2. 学会倾听 沟通首先要学会听，沟通过程中倾听是非常重要的，要想沟通成功就应成为首席倾听者。注意倾听表现对对方的尊重，可以留下一个良好印象。学会倾听不仅对学会说话有重要意义，在听的过程中还可以增加信息量和智慧，减少误会和冲突，得到别人的尊重及回报。

3. 说服艺术 沟通，从某种意义上说就是推销自己、说服他人。在工作场所中，各方面沟通会体现为利益上、想法上或者工作方法的不一致，发生意见分歧是很正常的，但是，沟通双方要注意的是，不要揪着别人的一点儿过错不放，不要丰富联想其他事情，造成对方的尴尬，这是很讲究语言艺术的。在说服别人的时候，要创造一个合适的氛围，充分的论据，动之以情、晓之以理，始终要让对方作出"是"的回答，达到有效说服。

（三）有效沟通的条件

1. 高情商是有效沟通的先决条件 长久以来，智商一直被视为事业和生活成功的先决条件，后来人们发现仅凭高智商是远远不够的，事业的发展和生活的幸福，情商在其中扮演着重要的角色。在美国，曾有人追踪过哈佛大学一些学生到中年的成就，从薪水、生产力、社会地位等诸多方面的考察来看，发现在校考试成绩高的人并不见得社会成就更高。就一个40岁左右的中年人来说，智商与其当时的社会地位有一定的关系，但影响更大的是处理挫折、控制情绪、与人相处的能力。在社会中生存，每个人必须面对各种纷繁复杂的关系网，情商高低决定了人一生的走向，与外界沟通的程度也主要取决于人的情商。因此，要提高沟通能力，首先要提高情商。

2. 良好的文化素养是有效沟通的前提 沟通的信息是包罗万象的。在沟通中，我们不仅在传递信息，而且还在表达情感，提出意见，要想有效地与人沟通，就必须具备一定的文化素养。沟通技能的运用，社交礼仪的展现，言语表达的技巧，处理问题在"度"上的把握，都是一个人综合素质的体现。

3. 语言表达能力是有效沟通的重要基础 人际沟通主要是通过语言来进行的，语言表达能力和技巧直接影响着人际沟通的效果。提高语言表达能力，首先要提高自己的语感。语感是人对语言的感知和反应能力，也叫语言的触发功夫。语感强的人具有极强的语言感知能力和语言感应能力，前者是指当一连串的线性结构的语言通过听觉或知觉传入自己大脑的时候，能否迅速而准确地领会其含义和情味；后者是指当某种事物或事件呈现在眼前，或某种意念产生于脑海时，能快捷地找到准确而生动的词语，并进行语言的编码，将其连贯有序地表达出来。

提高语言表达能力，还要注意语言表达的简洁精练，这是说话的基本功，它体现出说话人分析问题的快捷和深刻，是其认识能力和思维能力的高超表现。它能使听者在较短时间内获得较多的有用信息，有助于博得对方的好感，也是说话人果断性格的表现。要做到这一点，头脑里必须储存一定量的材料，并且临场交流时能选用恰当的词语表达思想，思路清晰,层次分明。

提高语言表达能力还要注意语言表达的生动形象。生动形象是语言魅力的基本要素,能增强语言的感染力,吸引听众的注意力。人要善于运用各种修辞方法,把深刻的道理寓于具体的事实中,使之通俗易懂。语言的幽默风趣能使你到处受欢迎,幽默其实也是一种智慧,是人的内在气质在语言运用中的外显。在人际沟通中,幽默能活跃气氛、化解尴尬。

此外,委婉含蓄这一语言技巧在交际中的作用是很大的,是人际交往的缓冲术。在自我表露时,可绕过一些难于直言的内容,在拒绝对方的要求、表达与对方不同的意见或批评对方时,可以维护对方的自尊,留以面子。

(四) 沟通对人际关系的作用

1. 沟通具有促进人际互动的作用 正确的沟通,才能产生有效的沟通作用。积极和正面的沟通发展,对人际互动和人际关系都非常有帮助。

(1) 对人际个体的作用

1) 健全心理的作用:在个体和个体的相互沟通上,需要多方面及多次的交谈或互相接触,才能使双方的观念、想法、意图相互协调与融合,重新理出一个共识,重新建出一个共同的理念。在相互的沟通过程上,参与沟通的个体在心理上都会产生互相信任,对人际个体的心理有健全的助益作用。美国管理学家马斯洛的需求层次理论认为,每个人都有归属和社交的需要,通过彼此间的相互沟通和交往,可以诉说各人的喜怒哀乐,这就增进了个体间思想和情感的交流,促使其产生依恋之情。人际沟通有助于人的心理健康,正如有人所说的那样,当我们快乐时,把我们的快乐告诉自己的朋友,会使快乐加倍;当我们痛苦时,把我们的痛苦告诉自己的朋友,会使我们的痛苦减半。

2) 稳定情绪的作用:人际个体在互相交谈、互相协商的沟通过程中,因为人际沟通未完成,个体的情绪难免有很多不稳定的情绪产生,比如患得患失、对方所提出条件的压力、沟通不顺所引起的不悦心情,等等。正面、积极、有效的沟通会使人际个体缓解压力,形成情绪上的稳定状态。

3) 肯定自我的作用:人与人之间成功的互通与沟通,会使人际个体在沟通的过程中获得成长,于是对自我的能力会越加肯定。每一次的沟通成功,除心中的快感之外,更会有进一步的肯定自我。在人际沟通过程中,个体可以从对方那里吸取对自己工作、学习和生活有意义、有价值的知识与经验,以别人的长处弥补自己的不足,借鉴别人的优势来改变自己的劣势,学习他们的成功经验,吸取他人的失败教训,以此扩充自己的知识积累,更好地提高自己对环境的适应能力。

4) 满足需求的作用:人际个体为了某种需求,就会与其他人际个体相互接触,相互沟通。人际个体经过了沟通,基本都能获得自己的需求。正常、正面、有效的人际沟通可以满足个体的需求。

5) 了解自我的作用:一代明君唐太宗说过:"夫以铜为镜,可以正衣冠;以史为镜,可以知兴替;以人为镜,可以明得失。"这句话,道出了人际沟通有助于认识自我和进行自我定位的作用和功能。因为,人在与他人的沟通过程中,在理解了别人的同时,也认识了别人眼中的自己。人们从他人对自己的反应、态度和评价中,发现自己的长处和短处,找到自己恰当的社会位置,为自我的设计、发展、完善创造了有利条件。离开了人际沟通,人就永远无法客观地认识自己,也无法真正地了解自己。

(2) 对人际团体的作用:多个(两个或两个以上)人际个体相处在一起,就形成了人际团体。人际团体经个体与个体之间的互相沟通,当人际沟通达成时,除个体获得个体的需求之外,个体团体也因所有个体的共识而整合得更健全。

1) 团体事务的整合作用:由多个人际个体共同参加人际沟通,而完成了人际沟通的任务,这样自然会对人际团体的共同事务有成功的整合。正常又有效的人际沟通,对人际团体事务具有整合作用。

2) 团体利益的分享作用:通过成功的人际沟通,人际的团体事务得到了整合。团体事务也因所有人际个体的群策群力而顺利进行。因为是合理的人际沟通,团体的共同利益也会以合理的方式分享给每一个人际个体。

例如:在温州的很多自然村里,村里居民都习惯通过共同商讨共同决策来决定重大的问题。通过整村的集体智慧和集体力量,大家取得了很多的个人无法达到的效益。这体现在:在投资某个项目中,村委会通过集体讨论决定投资后,马上会把份额分配到各户,集结成群地在最短的时间内集中了大量的资料出手投资,并迅速地获得了收益。正是这种高效率、有效果的集体经营模式,使温州农村全都走上了快速发展的道路。当企业的运行或管理出现了新的问题,管理者与被管理者以及管理者与管理者、被管理者与被管理者之间必须通过良好、有效的商务交流,才能找准症结,通过分析、讨论、决策,及时将管理问题解决。

2. 沟通具有化解人际冲突的作用 人际沟通具有化解冲突的作用,尤其是人际间因利益所发生的人际冲突,更需要人际沟通加以化解。

3. 沟通具有增进资讯交换的作用 在人际社会中,个人与个人的相处,一般而言,都是通过语言交谈的方式或非语言沟通的方式(如肢体动作、表情、手势、音调等)。社会上有很多人都在集合互相提供资讯,这样就形成了每个人的资讯交换。人际沟通的功能促使社会资讯的顺利交换。

(五) 沟通对人际关系的价值

1. 人际沟通能增进人际关系的人际互动 在人际互动的各种活动或过程中,人际沟通的价值就在于能使人与人之间相互融通,化解人与人之间的争执与冲突。

2. 人际沟通能建立人际关系 人际沟通是在人际个体与人际个体的多次互动过程上形成的,因此说,人际沟通建立了人际关系。

3. 人际沟通能维持人际关系 在人与人之间建立了良好的人际关系,那么这段关系仍然要继续营造、继续发展,才能使良好的人际关系继续维持下去。人际沟通在人际关系的维持上占有非常重要的地位。

4. 人际沟通能改善人际关系 人际沟通在人际相互作用的活动中,在情绪和行为的互动上,能化解争执与冲突,把恶化的人际关系改善。

三、人际沟通的原则

人们在社会生活中进行人际沟通人际交往时候,不仅要有良好、正当的动机,遵循普遍的社会道德规范,而且还需要采取正确的方法并遵循一定的原则。

(一) 尊重原则

每个人都有自尊心,都有受到别人尊重的需要,都期望能得到别人的认可、注意和欣赏。这种需要的满足会增强人的自信心和上进心,反之则会使人失去自信,产生自卑,甚至影响其人际交往。因此,在沟通中首先要遵循相互尊重的原则。尊重的原则要求沟通者讲究言行举止的礼貌,尊重对方的人格和自尊心,尊重对方的思想感情和行为方式。这里既包括要善于运用相应的礼貌用语,比如称呼语、致谢语、致歉语、告别语、介绍语,等等;也包括遣词造句的谦恭得体、恰如其分,比如多用委婉征询的语气;还包括平易近人、亲切自然的态度。

(二) 理解原则

理解原则就是要求沟通者要善于换位思考,要在对方的处境上设身处地考虑,体会对方的心理状态和感受,这样才能产生与对方趋向一致的共同语言。同时还要有耐心、仔细地倾听对方的意见,准确领会对方的观点、依据、意图和要求。沟通不仅是信息的传递,更是对信息的理解与把握,准确地理解信息的意义才是良好的沟通。另外,理解又是人际沟通的"润滑剂",懂得理解的人,他们的沟通能力一定很强,到处都受欢迎。

例如:一家经营地方小吃的餐馆由于经营不善,生意一落千丈,陷入经济危机。不光人员工资难以发出,而且铺租也没有能力缴纳。当若干名员工和铺位业主集体发难时,餐馆老板诚意表达:以目前的状态,实在是无力偿还。但他表示已找到经营问题症结何在,3个月后必有起色。所以恳求员工留下来共度时艰,业主也宽限一点儿时间缴纳租金。如能获得同意,承诺到时候给员工加薪5%,给业主加租3%。

最终,业主和员工被打动,也理解了目前餐馆的状态,决定帮老板一把,共同度过这一艰难时段。

(三) 宽容原则

人际沟通的双方要心胸开阔、宽宏大量,把原则性和灵活性结合起来,只要不是原则性的重大问题,我们都应尽量谦恭容忍,用豁达超然的风度来对待各种分歧、误会和矛盾,以诙谐幽默、委婉劝导等与人为善的方式缓解紧张气氛、消除隔阂。事实证明,人际沟通中心胸开阔、态度宽容、谦让得体、劝导得法,会使沟通更加顺畅并赢得对方的配合与尊重。

(四) 准确原则

良好的人际沟通是以准确为基础的。所谓准确,是指沟通所用的符号和传递方式能被接收者正确理解。在沟通中典型的不准确信息有：数据不足、资料解释错误、对关键因素无知、存在没有意识到的偏见，以及对信息的夸张等。如果传递的信息不准确、不真实，不仅会给沟通造成极大的障碍，而且还会失去对方的信任和理解。因此，为了保证沟通的准确性，在信息收集过程中，应注意选择可靠的信息来源，用准确的语言或精确的数字客观地记录原始信息；在信息加工过程中，应采用科学的方法，尽可能排除人为因素对信息内容及其价值的客观性的干扰。

（五）及时原则

坚持沟通的及时性原则，就是要求在信息传递和交流过程中一定要注意信息的时效性，既要注重传递信息的主要内容，又要注意传递信息产生与发生作用的时间范围及条件，做到信息及时传递、及时反馈，这样才能使信息不因时间滞后而出现问题。

（六）坦诚原则

坦诚就是要以诚相待。"精诚所至，金石为开。""诚"的核心是为人处世讲究忠诚老实、光明磊落。要做到说话办事实事求是，襟怀坦荡，不隐瞒自己的思想观点，是非分明，在与人相处中敢于坚持真理，伸张正义，主持公正，言而有信，遵守诺言，实现诺言，兑现诺言。

例如，日本企业之神，著名国际化电器企业松下电器公司的创始人松下幸之助有句名言："伟大的事业需要一颗真诚的心与人沟通。"松下幸之助正是凭借这种真诚的人际沟通艺术，驾轻就熟于各种职业、身份、地位的客户之中，赢得了他人的信赖、尊重和敬仰，使松下电器成为全球电器行业的巨人。

有人做过一个统计，从描述人品的词语中选出你认为最重要的几个，"真诚"被排在了第一位。崇尚真诚是时代的主旋律。真诚既然是人心所向，在沟通中我们就应该坚持它。沟通最基本的心理保证是安全感，没有安全感的沟通交往是难以发展的，只有抱着真诚的态度与人沟通，才会得到意想不到的效果，一个人尽管不善言辞，但有真诚就足够了，没有什么比真诚更能打动人。

有一个刚从医学院毕业的年轻人，主修骨伤科专业。有一次，他在街头碰到一位治疗骨伤技术非常高超的老人，很多患者经他扶正、用药后，都能痊愈，名气很大。于是该年轻人决心要诚意拜这位老人为师学艺，但老人以技术是家传祖艺为由拒绝了年轻人。年轻人并没有因此而气馁，而是每天虚心地到老人家中帮忙打扫卫生，并辅助老人出诊治病，终于在多次的努力中，让老人看到了他的诚意，最终收为徒，悉心传授技术。

（七）谦虚原则

谦虚是我国的传统美德，也是搞好人际关系的一条重要法则。在与人沟通交往时，切不可自以为是，认为自己比别人高，摆出一副高高在上、盛气凌人的姿势，否则，不仅得不到别人的好感，而且也很难与他人合作共事。

（八）灵活多变原则

人际关系沟通是一个具有艺术创造性的活动。良好的沟通行为能带给人喜悦、满足及畅通的人际关系网络。为人处世无定法,不能信守教条,要具体问题具体分析,灵活多变,讲究策略。

(九) 渐进原则

人际交往一般都有一个逐步发展的过程,即初交、常交和深交三个阶段。在三个不同的交往阶段,应把握不同的交往尺度。在初交阶段,常常有些拘谨、别扭等不自然的感受。此时要注意消除不安、紧张和胆怯的情绪,避免初次交往就给人留下不好的印象。进入常交阶段后,随着交往的增多和友谊的增长,应注意观察和了解对方的情况,特别是性格、兴趣和爱好方面的情况,寻找和发现双方的共同点、共鸣点,加固友谊的基础。到了深交阶段,双方感情在长期接触中深化发展了,双方有了深厚的友谊。一旦有了这种友谊,就应该加倍珍惜。

(十) 互动原则

沟通是互动的,不是单方的事,需要双方共同参与。有传递有反馈,有说有听,才会有双方意见的交流,在来来回回互动中达成共识。

沟通从"你"开始,不要净谈论自己,尤其在众人聚会的场合里,最不好的情况就是将所有话题集中在自己身上。我们要尽量抓住听者的注意力,同时能得到他们正面的回应。

要想得到对方的反馈,需要有一定策略。美国前总统罗斯福的方法很简单,就是在与人接触的前一个晚上,花点儿时间研究一下客人的背景,于是一见面,共同的话题就源源不断,谈话自然让对方兴致不断。在这种氛围中,沟通自然更加顺畅。

(十一) 完善自身原则

参与人际活动的个体要具备良好涵养,就要尽量做到不生气、不怨恨、不猜疑、不贪欲、不诽谤、不欺骗等。如果我们具备了良好涵养,自然就能做到处事不惊、祥和安乐,自然就会拥有良好的人际关系。同时,在人际交往中,我们也需要具备宽大的胸怀。一个人若能有宽大的胸怀,自然地很有可能接纳别人的意见、尊重别人的看法,遇到不如意的事也很有可能顺心淡然处之。遇到别人的误解或误会,他也很有可能冰释之。

人际交往中之所以会出现人际疏离、人际冲突、人际破裂等不良及恶劣的人际关系,很多原因为人际间的误会和误解。一时的误会、一事的误解,没有以善解人意的方法去互相沟通,会使一时的误会变成长期的误会,会使一事的误解变成更多事的误解。于是,人际关系就会转变得更加不良好、更恶劣。善解人意,一方面可以解开人际误会及人际误解的结,另一方面也可以主动地对其他个体关怀和帮助,取得别人的理解和信任,这样自然就会拥有良好的人际关系。

(十二) 平等互惠原则

人际交往中,在平等互惠下,人际个体就会感觉到满足和喜悦;相反,若没有平等互惠,人际个体就会感觉不到满足和喜悦。同时,人际个体由于受到不平等的对待,心中产生不满,就会失去继续交往下去的动力。

平等互惠原则是人际沟通中的一个必要的原则,也是促使每一个人际个体参与互动的诱因。有平等互惠原则，人际个体才有兴趣、有信心去参与社会人际的互动。平等互惠是促成人际结合和人际合作的基础。

四、人际沟通的技巧

既然人际沟通在人际关系的建立和发展中具有关键性的作用，那么我们就要好好地研究和学习人际沟通的技巧。人际沟通的技巧能够帮助人们进行顺利的互动，营造良好的人际关系。有效的人际沟通自然能有效地营造良好的人际关系并维持长久。人际沟通的技巧有很多，只要能促进人际沟通的行为都属于人际沟通的技巧。

（一）使用语言沟通的技巧

在人际沟通的过程中，无论是个体沟通还是团体沟通，语言都是最直接的媒介方式，而语言沟通就是最直接、最方便的人际沟通技巧。

闻其声，而知其情。语言的声音由耳朵所接听，语言的意思和含义由人心所意会，由人心所了解，由人心所反映。语言沟通的技巧就在于通过语言的声音和含义，由个体产生互相了解、互相认知、互相反映和互相调和，最终顺利地完成人际沟通。

用语言沟通的技巧增进人际关系，必须先研究及训练自己的语言能力和说话的技巧。语言能力需要良好的修辞训练，也需要有词能达意的口才，更需要具有说服力。

（二）使用非语言沟通的技巧

人们在人际沟通的过程中，使用肢体动作或面部表情等方式来表达个人的思想及心意，就属于非语言沟通。

肢体语言动作的技巧可以在人际沟通中表现出沟通的功能。要表达心中意念的人际个体，不用语言而采用肢体动作来进行人际沟通，这些肢体动作让他人看到，然后他们就了解或体会了该个体的想法。简而言之，肢体动作沟通就是引用人际个体发出的动作或由身体配合其他道具、颜色、味道等使对方的感觉器官经由感受作用而了解或体会人际个体的心中意念。

肢体语言动作包括身体、手脚四肢、颈部、眼睛、耳朵、鼻子、嘴巴、脖子和口鼻声音等。我们可以用动作的象征表达心意；用动作表示对某事的监控、控制、同意或反对等；用动作表达出心意使对方满足或同意。

肢体的动作，身体的姿势，颈部的摇动，脸部的表情、眼色、眼睛的开闭，手和耳朵的表示等都可作为非语言沟通。人的身体包括手脚引用道具、颜色、衣饰、帽子等也都可以表现出一个人际个体的内心想法。

非语言的行为动作和表情有时候在语言无法沟通时，反而更具有人际沟通的功能。非语言沟通来自人群传统或通用的动作表现，也来自特殊的教导和训练。非语言沟通在人际互动的沟通过程中，是不可缺少的。

非语言沟通作为沟通活动的一部分，在完成信息准确传递的过程中起着重要的作用。据研究，在沟通中，55%的信息都是通过面部表情、形体姿态和手势传递的。非语言沟通在交际活动中的作用是异常丰富的,它能使语言沟通表达得更生动、更形象,也更能真实地体现心理活动状态。

总的来说,在人际沟通中,我们首先要控制好自己的身体语言,使我们的身体语言与交流目的相一致。同时要注意观察对方的身体语言的表现,"观其言察其行",由身体语言的表现,探究其内心情绪、性格等,为确定合适的交流策略提供信息基础。

(三)使用思想沟通的技巧

使用语言沟通或非语言沟通,其目的都是人与人之间的思想沟通。所有有效的沟通方法或方式促成人与人之间良好的人际关系及合作的行为,必须建立在参与人际活动中每个人际个体心中的理念共识上,也就是建立在人际间的思想沟通上。

个人在人与人之间使用思想沟通的技巧,他应当要具有丰富的经验、足够的有关知识、敏锐的眼光、正确的思考、了解对方的观念,以及提出令对方赞同的见解等。

人际沟通若没有达成人与人之间的思想沟通,就没有什么意义了。所以如何使用思想沟通的技巧就是人际沟通最重要的工作了。以下八个重点有助于思想沟通的运用:

1. 知己知彼,百战百胜。
2. 正确资讯,适合需要。
3. 丰富经验,说服对方。
4. 足够知识,提供见解。
5. 优秀涵养,获取好感。
6. 遵守承诺,赢得信任。
7. 提供利益,引出动机。
8. 分享成就,善结人缘。

好好利用以上理念,知行合一地实践,可使人际互动更为密切,也可使对方乐于人际主体互动与合作。这就是人际活动过程中,主体和客体的思想沟通良好,有了共同的认知,有了融通的思想。这也是思想沟通的实质性意义。

思想沟通的技巧不应仅仅停留在理论上,还需要有实践性。我们应在人际沟通的过程中,多充实思想沟通的知识,多演练思想沟通的技巧,达成人际沟通的任务并建立良好的人际关系。

(四)使用情绪沟通的技巧

在人际沟通的过程中,个体与个体之间常常有情绪互动以及情绪互相感染。因此,人与人之间的情绪沟通也是很重要的。人与人之间最重要的是情感的交流,情绪的表达将可以更增进人际的沟通。当我们有情绪时,我们才知道自己内心真正的感受,也才有机会向他人表达,以维护自己的权益或者增进彼此的情谊。人与人之间的情绪表达可促使主体和客体之间的情绪沟通。人与人之间有了良好的情绪互动,自然地就会有双方的情绪沟通,因而促进彼此之间的情谊,进而促成人与人之间的良好关系。情绪沟通在人际沟通的整个过程中占据着非常重要的地位。

情绪沟通,是在人际互动中的人际个体之间,运用心理状态或心理情绪来影响对方,促使对方配合主体的情绪而产生共同的互动情绪。通过人际的情绪沟通,双方的情绪会有情绪互动,再由情绪互动而使主体和客体双方产生行为的共同互动。人际关系也会因有了情绪沟通所产生人际互动的共同的交互关系。要使用情绪沟通的技巧,先要多在情绪问题分析和情绪管理方面加以研究和学习。

分析自己的情绪,也分析对方的情绪,使双方的情绪能融通而合一。要对自己的情绪加以管理,也要想办法促进对方对他自己的情绪管理。情绪沟通就是人和人之间的情绪的互相表达。在人际互动中,情绪沟通对人际情绪会有互相影响、互相感染及互相融通,会促进人际关系的良好发展。

(五) 使用自我表露的技巧

在人际沟通的过程中,为了使自己的心理想法让他人了解,除了取得他人的信任,还可使他人与自己形成认知上的共识,建构出人际合作,增进人际的良好关系。

1. 有关信息的自我表露　在沟通时,人际个体之间双方要对所要沟通的内容和有关的信息作出主动表露,目的在于双方直截了当地互相了解对方的来意,使双方能清楚地、直接地进行人际沟通。

2. 隐约信息的自我表露　由于所处的人际情况还不方便直接地表露出自己的真实想法,或者尚在试探对方的心理状态,或还在打听对方对某些资讯的了解情形和看法,因而在双方交谈或语言或肢体动作等沟通过程中,在字里行间或含蓄地表现心中的意念和想法。

3. 渐进信息的自我表露　随着人际沟通的进一步发展,以及人与人之间双方沟通时互相了解的状况,从隐约性的自我表达而转移到渐进式的自我表露。渐进式的自我表露,使沟通的内容信息随着人际交往或人际互动的情况而渐渐增加或逐次表明。

4. 回应信息的自我表露　在人际沟通中,双方都在做提供信息和回应信息两个动作,这种提供与回应信息愈熟络,愈顺畅,人际关系便愈融合,就表示人际沟通愈良好,人际关系也更密切、更笃实。

5. 验证信息的自我表露　在人际沟通上,经过了多方面及多次顺利的信息互相表露,双方也有了相当的互相了解与信任,同时建立起良好的双方共识。为了寻求合作或订出公约,对工作验证信息的自我表露,表达出自己的诚意和意愿,也要证实对方的诚意和意愿。

(六) 使用倾听沟通的技巧

在人际沟通的方式中,除使用语言、文字、非语言、非文字、肢体动作、形象表情等方式之外,倾听对方和促请对方倾听自己也是非常重要的方式。没有倾听,就没有正确的心理了解,当然就无法有良好的沟通。倾听是了解的起端,也是沟通的开始。

倾听的技巧很多,只要提示能以倾听的方式而达到良好沟通的任何要领都是可行的。

1. 态度从容,注视对方。

为了表示礼貌,也是为了表示尊重,倾听者要态度从容,眼睛要注视对方,不可有眼睛的乱视、眼神的忽视及目有旁骛。这样做,一方面是要尊重对方,另一方面也是要倾听对方的讲话,了解对方的心意,使人际沟通有效、顺利地进行。

2. 举止中肯,聆听所言。

倾听者的举止行为表现适当中肯,不唐突亦不浮动,要聆听说话者的言语和所说的内容。使说话者有兴趣、有意愿及有良好的情绪,继续把他心中的想法说下去。倾听者也借此听清楚并更了解说话者所说的内容。

3. 适当反应,心身互动。

在人际沟通的过程中,说话者与倾听者如果有良好的互动,那么说话者说话就会说得起劲,倾听者听得高兴。倾听者在表示其反应时,若能以适度反应,会使说话者的情绪充满安心与喜悦,对人际沟通甚有帮助,当然对人际关系的良好发展也有相当的好处。

4. 合适时机,表达观点。

人际沟通的过程,也是有人际目的的。为了达到沟通的目的,倾听者也可在合适的时机来表达意见和看法,使人际双方达到有意义的沟通,使人际的活动能合理化和效果化。

(七)使用营造沟通的技巧

沟通的技巧要演习和训练。沟通技巧的使用却依赖着机会和人缘。有关人际的人事转机,是需要营造的。营造沟通的技巧,就是以有策略的方法来创造及营造人际沟通。如何使用营造沟通的技巧呢?因人因事,方法很多。但不管使用什么方法和技巧,都必须要有成效和价值。这样的技巧才会使沟通有所意义。

1. 寻找有利的人与事

(1)寻找有利的人与事,营造启动性的人际沟通。

(2)寻找有利的人与事,营造继续性的人际沟通。

(3)寻找有利的人与事,营造成效性的人际沟通。

2. 研究有用的知与行

(1)研究有用的知与行,营造互动性的人际沟通。

(2)研究有用的知与行,营造互惠性的人际沟通。

(3)研究有用的知与行,营造互乐性的人际沟通。

人际沟通的技巧,在于在人与事方面要营造机缘,在知与行方面要营造运用。在人际互动中,在人际沟通上若能使用"人与事"所营造的沟通技巧以及使用"知与行"所营造的沟通技巧,人与人之间的沟通自然能顺利地进行。

● 第三部分 任务

➤ 布置任务

收集过去一个学期自己在班集体中与同学交往相处的深刻事件,结合本章的理论知识,分析存在的问题,总结经验。

要求：

1. 请举例说明沟通不良影响到人际关系的事实。

2. 指出增强人际关系沟通能力的重要性。

3. 分析如何能增强自己的沟通能力。

4. 自我总结。

➢ **作业**

1. 人际沟通与人际关系有哪些密切联系？

2. 人际沟通的原则有哪些？

3. 语言沟通技巧能力对人际关系沟通有哪些促进作用？

4. 在人际沟通的过程中，非语言沟通技巧的效果如何？

●● 参 考 文 献 ●●

［1］曾仕强，刘君政．人际关系与沟通．北京：清华大学出版社，2004．

［2］梁鹏．沟通助你成功．广州：中山大学出版社，2006．

［3］金正昆．礼仪金说．西安：陕西师范大学出版社，2011．

［4］陈皎眉．郑美芳．人际关系与沟通．2版．中和：弘扬图书有限公司，2014．

［5］黄培钰．人际关系与沟通．3版．新北：新文京开发出版股份有限公司，2011．

［6］黄力毅．人际沟通．北京：人民卫生出版社，2003．

第二章
人际沟通与礼仪

教学目标

1. 了解沟通和礼仪的含义。
2. 懂得职场上仪表仪容的重要性,符合礼仪要求。
3. 掌握人际沟通和礼节相结合,能在日常沟通中达到理想效果。
4. 熟练运用各种沟通技巧进行交流交际,体现良好的精神状态和礼仪教养。

● 第一部分　案例

➤ 案例 2-1

有个男孩因一件琐事而迁怒于自己的母亲,他跑到山边,对着山谷大喊:"我恨你! 我恨你! 我恨你! "喊声刚停,立马从山谷传来回音:"我恨你! 我恨你! 我恨你! "这个男孩有点儿吃惊,就跑回家对母亲说:"山谷有奇怪的男孩说他恨我。"于是,男孩的母亲把他带到山边,对着山谷要他喊:"我爱你! 我爱你! 我爱你! "这个男孩照母亲说的做了。而这次他却发现,那个奇怪的男孩也在山谷里喊:"我爱你! 我爱你! 我爱你! "

思考问题:

1. 结合这个案例,请你谈一谈这个故事给我们的启示是什么。
2. 联系本人的人际沟通情况,分析说明如何提高人际沟通水平。

➤ 案例 2-2

小丽在一家眼镜店工作。夏天来了,她最喜欢的林阿姨的生日也到了。于是,她自己掏钱买了一副价格昂贵而且非常潮流的太阳眼镜当作生日礼物送给林阿姨。小丽把眼镜包装得非常精美,在林阿姨生日的当天送上,林阿姨接过礼物高兴地说:"谢谢! "随手把礼物放在了桌子上。

思考问题:

1. 如果你是小丽,当别人把你的礼物放在桌子上,会有什么感觉?
2. 当你拿到一份包装精美的礼物,你会怎么做? 是选择放好,还是征求送礼物人的意见,把礼物拆开?为什么?

> **思考**

1. 上述案例给你什么启示?

2. 在日常工作中或生活中,我们要注意什么?

> **讨论**

1. 我们为什么要学习沟通和礼仪?

2. 沟通和礼仪在日常生活与工作中起到什么作用?

3. 礼仪在沟通中起到什么样的效应?（引导学生思考并进行讨论。)

● **第二部分　知识**

第一节　概　　述

(一) 人际关系

是指在人们的物质交往和精神交往的基础上产生和发展起来的人与人之间的联系。它表现为亲近、疏远、友好、敌对等人与人之间心理上的距离。人际关系产生于各种复杂的社会关系中,并受社会关系的制约,反过来,它又深刻地影响着社会关系各方面相互作用的形式。

(二) 人际沟通

沟通是指沟通者通过语言或非语言的渠道,将意见、态度、知识、观念、情感等一系列的信息,传递给对方的过程。沟通是需要学习的,沟通不良往往会导致日常生活中的误解。

(三) 沟通的目的

1. 心灵的艺术表现　人类的身心具有高度的艺术能力。人际沟通说到底是人与人之间的身心艺术表现,人际活动上具有各种功能与表现,如形象、声音、形声合一、戏剧等。任何的语言行动都产生于内心心灵的表现,通过语言声音或语言行为表达出来,使他人也透过身体感官和心灵感受进行双方心灵融通,达到进一步的沟通。语言使用或声音的表达上都具有艺术性,才能达到有效沟通目的。

2. 感官的功能呈现　感官的功能呈现对于人际关系沟通来说是一种形象或声象的表现。人际沟通的表现,就是在人际间,参与人际活动者在心灵上的互相感受和互相反应,是人际关系的必要条件。人际沟通自然就包括了感官的作用呈现。

3. 身体的行为表达　身体行为之所以表达,就是为了帮助人际沟通更好开展。身体的行为表达之所以成为人际沟通的一种目的,是因为身体行为的表达在人际沟通过程中,表达出人际个体的心念、想法和回应,是人际沟通中的某阶段性目的。所以,身体行为表达一方面是人际沟通的过程上的一种作用,另一方面也是人际沟通中的一种目的。

4. 人际的建立与维持　人际沟通最主要的目的在于帮助人际关系的建立,更是帮助人际关系的维持。人际沟通对于人际关系的建立、改善及维持都有很大的作用。人际沟通能否顺利进行,能否获理想成果,都与沟通对象、事务内容、理想目的有直接和密切关系。人际关系的建立与维持,有赖于良好的人际沟通以及人与人之间沟通的达成。

5. 社会人际关系的乐趣　在人际的沟通活动中,在社会人际活动上,人际沟通之间如果顺利进行,自然就会产生精神乐趣。人际沟通在人际活动中,除特定的目的之外,休闲活动也是一种目的。在休闲活动中,人与人常常运用人际沟通来增进彼此之间的生活乐趣,达到完美沟通效果。

第二节　礼　　仪

礼仪是一种约定俗成的行为规范,表示对他人的尊敬与友善,是人们在公共场所交往中不可缺少的"润滑剂",是人们在长期社会生活中形成的一种习惯,是人类生存和发展的需要,是人们之间相互交流所产生的一定形式。久而久之约定俗成形成一定的习惯便是礼仪。

(一) 礼仪的含义

在我国古代典籍中,"礼"表示敬神、仪式、道德规范;"仪"是指容貌和外表、程式或仪式、准则和法度。

现代礼仪是"礼"和"仪"的统称,是指在人际交往、社会交往和国际交往中,用于表示尊重、亲善和友好的一系列行为、道德、社会规范和惯用形式的总称。"礼"是指礼节、礼貌,"仪"是指仪容、仪表、仪态及仪式。

(二) 礼仪的特点

1. 规范性　规范性主要是指它对具体的交际行为具有规范性和制约性。这种规范性本身所反映的实质是一种被广泛认同的社会价值取向和对他人的态度。无论是具体言行还是具体的姿态,均可反映出行为主体的包括思想、道德等的内在品质和外在的行为标准。

2. 共同性　礼仪是社会各阶层人士所共同遵守的准则与行为规范。人们追求真善美的愿望是一致的,每个人都要依礼办事,全人类不管哪个国家、哪个民族都以讲礼仪为荣。礼尚往来、礼貌待客、文质彬彬、举止得体等,都是符合大多数人的价值取向的文明标志,学习为人处世的礼仪,是做人的起点。

3. 差别性　由于地域、民族、文化背景的不同,礼仪除了共同性特点,还带有本地域民族的自身特点,这就形成了礼仪表现形式上的差异性。如同一种手势,有的国家的意思是"OK",也有的国家表示"赞同""了不起",更有国家表示的是指责别人行为不端。所以,礼仪除具有一定的固定形式与规范外,还要注意因时因地因对象的不同,而"入乡随俗"。

4. 发展性　礼仪规范不是一成不变的,它随着时代的发展,科学技术的进步,在传统的基础上不断地推陈出新,体现着时代的要求与时代的精神。如在我国,握手替代了作揖,鞠躬替代了跪拜,如今节假日给亲朋好友打个礼仪电话,发个短信,或送去礼仪鲜花,表示祝贺与问候,这些都反映了礼仪发展性的特点。

(三) 礼仪的原则

1. 自律原则 学习、应用礼仪,最重要的就是要自我要求,自我约束,自我对照,自我反省,自我检查。自律就是自我约束,按照礼仪规范严格要求自己,知道自己该做什么,不该做什么。这是礼仪的基础和出发点。

2. 敬人原则 在社会人际交往中要互尊互敬,互谦互让,友好相待。敬人之心常存,处处不可失敬于人,不可伤害他人的个人尊严,更不能侮辱对方的人格。敬人就是尊敬他人,包括尊敬自己,维护个人乃至组织的形象。不可损人利己,这也是人的品格问题。

3. 宽容原则 是要求人们在交际活动中运用礼仪时,既要严于律己,更要宽待他人。就是说要豁达大度,有气量,不计较和不追究。具体表现为一种胸襟,一种容纳意识和自控能力。

4. 遵守原则 在交际应酬之中,每一位参与者都必须自觉、自愿地遵守礼仪,以礼仪去规范自己在交际活动中的一言一行,一举一动。遵守的原则,就是对行为主体提出的基本要求,更是人格素质的基本体现。遵守礼仪规范,才能赢得他人的尊重,确保交际活动达到预期的目标。

5. 真诚原则 运用礼仪时,务必诚信无欺,言行一致,表里如一,待人以诚。真诚是对人对事的一种实事求是的态度,是待人真心真意的友善表现。真诚就是将交际过程作为人与人之间信息传递、情感交流、思想沟通的过程,做到诚实守信、不说谎、不虚伪、不做作、不侮辱人。如果缺乏真诚则不可能达到目的,更无法保证交际效果。

6. 平等原则 平等是礼仪的核心,是在平等的基础上形成的,是一种平等的彼此之间的相互对待关系的体现,是尊重以及满足相互之间获得尊重的需求。即对任何交往对象都必须以礼相待,一视同仁,给予同等程度的礼遇。不以貌取人,更不能以职业、地位、权势压人,而是应该平等谦虚待人。同时,也要善于理解对方的一些行为,不应过多地挑剔。

7. 随俗原则 由于国情、民族、文化背景的不同,在人际交往中,必须做到入乡随俗,对客观事物要有正确的认识,不要自高自大,要与绝大多数人的习惯做法保持一致。切勿目中无人,自以为是。各方都应尊重相互之间的风俗、习惯,了解并尊重各自的禁忌,如果不注意禁忌,就会在交际中引起障碍和麻烦。

8. 适度原则 礼仪是一种程序规定,而程序自身就是一种"度"。礼仪无论是表示尊敬还是热情都有一个"度",没有"度",施礼就可能进入误区。应用礼仪时要注意技巧,合乎规范,特别注意把握分寸,认真得体。既要彬彬有礼,又不能低三下四;既要热情大方,又不能轻浮诣谀;要自尊,不要自负;要坦诚,但不能粗鲁;要信人,但不要轻信;要活泼,但不能轻浮。

(四) 礼仪的重要性

1. 有助于提高自身素质 礼仪作为一种修养,是道德体系中的行为规范。礼仪不仅显示出人的道德情操和知识修养,也能帮助人们修身养性,完善自我,克服自身不良行为习惯,使自己真正成为知礼、守礼的人。整洁大方的礼仪,得体的言谈,高雅的举止,优秀的气质风度,会给人留下深刻印象,赢得对方尊重,进而有助于沟通的顺利及和谐发展。

2. 有助于改善人际关系 礼仪是一种信息,通过沟通可以表达尊重、友善、敬佩和友好的情感。在人际交往当中,交往双方只有按照礼仪的要求,才可以获得对方的好感、信任,人际沟通才得以顺利进行及延续。在人际交往中,无论体现何种关系,维系人与人之间沟通与交往的礼仪,承担着十分重要的"润滑剂"和"纽带"的作用。礼仪规范约束和指导着人们立身处事的行为方式。

3. 有助于净化社会风气 学习礼仪,遵守礼仪,每个人按照礼仪的要求约束自己的行为,这将有助于净化社会风气,有助于推进社会主义精神文明建设,实现人和人之间的和睦相处,有助于社会成为礼治的社会、文明的社会。

4. 有助于工作的顺利开展 礼仪是人际关系的"润滑剂"和"调节器",它能联络人们相互之间的感情,也能在人与人之间发生矛盾和不快时,通过礼节或礼貌用语化干戈为玉帛,更能在日常工作中建立和发展相互尊重和相互合作的友好关系,进而增进彼此之间的了解与信任,有利于工作顺利开展。

(五) 礼仪在人际沟通中的作用

1. 有助于人际交往的规范化 礼仪在促进人际关系和谐方面的作用是非常重要的。礼仪规范是人与人之间的交往标准,对人际交往的相互关系起着固定、约束和维护的作用。正确运用这个标准开展人际交往,人们就有章可循。

2. 有助于自律及律他的双向控制 礼仪一方面对每个个体的人起着自律作用,教导人们应该做什么,不应该做什么,如何去做,以及怎样做才是合乎规范的,才是礼仪所允许的。另一方面,人际关系中难免会出现一些不和谐甚至冲突的时候,而礼仪在人际关系中还起着调整、调节的作用。如联谊、联欢、宴请、拜访等,甚至赔礼道歉,礼仪都可以增进了解、化解矛盾、取得谅解和宽容,最终建立起新的、健康良好的人际关系。

3. 有助于人的素质全面提升 "金无足赤,人无完人"是人所共知的。加强个人礼仪修养可以丰富人的内涵,增加人的"含金量",从而提高自身素质的内在实力,使人们面对纷繁社会时更具勇气,更有信心,进而更充分地实现自我。

4. 有助于增强人际沟通能力 良好的人际关系是和谐社会的重要组成因素,在诸多关系中较难把握。合理使用沟通礼仪对于维系和谐的人际关系起到举足轻重的作用,在日常生活中,缺少与客人、患者、朋友等的沟通,工作就没有办法开展,严重的会有出现大动干戈的可能。如果掌握礼仪,使用礼仪,这种现象就会降低,甚至不会发生。

第三节 基本礼仪

(一) 仪表礼仪

仪表风度是一种外表美、行为美。美丽俊俏的容貌,高雅大方的举止,协调得体的服饰,是美的仪表风度标志。

1. 仪表礼仪的基本概念　仪表就是人的外表,包括容貌、仪态、服饰、表情、谈吐等。仪表是美的表现,对人们起到自我标志、修饰弥补的作用。仪表是一个人的精神面貌、内在素质的外在表现。仪表在人际关系交往中最初阶段,往往是吸引对方注意的第一印象。人和人的沟通,首先是视觉沟通。

案例:国内一家效益不错的大型眼镜企业的总经理李明,经过多方努力和上级有关部门的牵线搭桥终于得到一家著名的眼镜企业董事长同意与自己的企业合作的机会。谈判时为了给对方留下精明强干、时尚新潮的好印象,李明上身穿了一件T恤衫,下穿一条牛仔裤,脚穿一双旅游鞋。当他精神抖擞、兴高采烈地和秘书出现在对方面前时,对方瞪着不解的眼睛看着他上下打量了半天,非常不满意,最终这次合作没能成功。问:李明与著名眼镜企业的合作失败的原因?

2. 女士服饰礼仪　服饰是人体的延伸,是一种无声的语言。如今世界上流行着一个简称TPO的着装原则,即着装要与所处的时间(time)、地点(place)和场合(occasion)相称。形象是个人仪容与服饰搭配的整体表现。

作为眼科行业的职业女性,在工作场合中,得体大方的着装,不仅能充分展示美好的形象,更能代表企业的一种文化。女士着装以西装最为正式,女士西装讲究配套、款式简洁,表现出女性的精明干练。女士穿着西装礼仪有以下几个要点:

(1) 配搭好衬衣和衬裙:西装配搭的衬衣非常重要,一件合适的衬衣可以衬托出西装的亮度,又能提高穿衣者的品位。衬衣色彩应该淡雅,面料应该以轻薄而柔软的面料为主。

(2) 配搭好鞋袜:穿着西装,鞋子、袜子起到画龙点睛效果。女士穿着西装或职业装的时候要穿好袜子,短裙要穿丝袜,最好是黑色、肉色和灰色的单色袜子,减少裙子和小腿颜色的反差。色彩协调,颜色配搭得当,深浅层次分明,符合穿衣原则,既要穿出自己的风格又不失端庄大方。

(3) 饰品佩戴得当:根据不同的场合,佩戴合适的饰物,一般不超过三款。在工作场合中,可以用小方巾、胸针等饰物作为点缀,能为简单干练的职业装起到柔和作用。

3. 男士服饰礼仪　西装是男士工作场合的主要着装,也是现代交际中最得体的着装。西装穿着有着严格的规范礼仪,要做到:

(1) 选择适合自己的西装和衬衣:西装分为英版、美版、欧版、日版等,各款式的差异比较大,因此,在选择西装的时候,要充分考虑自己的身高和体型。在选择衬衣方面要考虑衣领的硬挺,穿着时,衬衣袖子长度要以比西装袖子长度多出1~2cm为佳。

（2）打好领带：西装和领带是最佳组合，是男士穿西装必不可少的陪衬。领带的宽窄应和腰围、上衣的衣领成正比，一般领带打好后，长度以到皮带扣下端为宜。

（3）配搭鞋袜：鞋子款式很多，穿西装一定要穿皮鞋，皮鞋的颜色要与西装颜色相配套，一般以黑色或单色为主，黑色皮鞋要以穿黑色或深颜色的袜子为宜，其他颜色皮鞋也要以配搭单色袜子更为正规。鞋袜搭配要大小合适，完好无缺，不要暴露袜口。

4. 西装和正装衬衣穿着要注意的事项

（1）系好衣扣：穿西装的时候，衬衣纽扣都要扣好，只有在不打领带的时候方可解开领口。

（2）衣袖不可过长：穿好西装和衬衣后，手臂伸直，以衬衣袖口露出 1~2cm 为佳。

（3）收好下摆：穿正装时，衬衣下摆及内衣下摆应放入裤腰里边，不要裸露在外。

（4）衣领不要过高：穿好衣服后，伸直脖子，衬衣领口露出西装 1~2cm。

（5）大小合身：衬衣不可过大或过小，衣领和腰围要宽松适度，当扣上领口的时候，一般能放下两根手指，不觉得紧，衬衣大小就合适了。

5. 在服饰礼仪中的禁忌　在人际交往中，着装直接影响到别人对你的第一印象，关系到对你个人形象的评价，同时也关系到一个企业的形象。服装在每个国家都有各自不同的意义及风俗习惯及社交礼仪。着装也是一种无声的语言，它显示着一个人的个性、身份、角色、涵养、阅历及其心理状态等多种信息。所以，在日常工作中穿着服饰要注意以下几点：

第一，忌过分鲜艳。

第二，忌过分杂乱。

第三，忌过分短小。

第四，忌过分暴露。

第五，忌过分紧身。

（二）仪容礼仪

1. 仪容礼仪的基本概念　仪容是指一个人的容貌或长相，包括五官的配搭和适度的发型衬托。仪容礼仪一般指头部和手两大部分。仪容在整个整体形象中占首位，能传达直接信息，同时能反映一个人的精神面貌。仪容一般受先天条件和修饰维护两大因素影响。

2. 发型　眼视光工作的性质、环境和服务对象的特殊性决定，无论是女护士还是女验光师，头发颜色切忌过于艳丽，式样也不宜过于前卫，应结合自身特点选择相对符合眼视光从业人员的整齐简洁和素雅端庄的专业人士整体形象的发型。男验光师头发更要造型简洁、饱满，既要展示男士的阳光之美，又不可标新立异。

3. 化妆　眼视光工作的女士从业员应该淡妆上岗，既体现了对患者和顾客的尊重，又展示了她们的端庄大方，更能反映女性的自信美。护士在工作中应避免喷涂香水，因为不排除有部分患者对香水气味过敏，闻后可能出现不适。男士要保持面部清洁，让皮肤有光泽、有弹性,更富魅力。

(三) 仪态礼仪

1. 仪态礼仪的基本概念 仪态,是指人在行为中呈现的姿态和风度。仪态礼仪在人际交往中有着特殊的作用。不同的仪态显示人们不同的精神状态和文化修养,传递不同的信息,也是一个人的外在美的主要因素。仪态有站姿、坐姿、走姿等,现在就介绍几种主要的姿态。

2. 站姿 常言道:"站如松",护士和验光师的正确站姿是:上身挺直,挺胸,收紧腹部,下颌微收,双眼平视,双肩平齐放松,双手在身体两侧自然下垂或在体前交叉,双腿直立,双膝和足跟并拢,足尖分成"V"或"丁"字形。要领是身要端正,手脚不随意乱动,否则会给对方懒散懈怠的感觉,有失庄重。

作为门店服务,站姿是最基本的举止,站立时不要随便,不可探脖、塌腰、耸肩、双腿弯曲或抖,最重要的是双手绝不可插兜。所以,站姿的正确是十分重要的。

3. 坐姿 规范礼仪的坐姿要求是:入座时要轻、稳、缓。坚持尊者先坐,在眼视光工作中,以患者和顾客为尊。正式场合一般从椅子左边入座。入座时"坐如钟",即坐着的时候上身保持端直,像座钟一样。离座时要自然稳当,也是尊者先离座和从椅子左边离开。不同场合有不同的坐姿。

在眼视光工作中,与为尊的患者(或顾客)面对面坐着交谈时,护士(或验光师)谈话时应根据对方方位,将身体稍向前倾,表现出谦虚、迎合和重视对方的态度,但又不是自卑、恭维和讨好的姿态。讲礼仪,尊重他人,但不可失自尊。

4. 走姿 俗话说:"行如风",即走起来如风般反应迅速,一样轻盈,作风干练,行走姿态平稳、从容、轻松自如。眼视光工作中,护士走动较多,上身要保持站姿的标准姿态,挺胸收腹,步伐和谐,左右行走动作平衡对称,速度均匀,从容、轻盈、稳重,方向明确,步幅适度,重心放准,身体协调,造型优美,呈现美感。

第四节 商 务 礼 仪

一、商务礼仪

通常指的是礼仪在商务行业之内的具体运用。主要泛指商务人员在自己的工作岗位上所应当严格遵守的行为规范。

(一) 见面礼仪

1. 介绍 介绍是交际活动中的基本礼仪之一,是见面和发生联系的最初方式。在介绍的时候要注意介绍的顺序,一般遵守尊者为先原则:

(1) 先为年长者介绍年轻的。

(2) 先为身份高的介绍身份低的。

（3）先为上级介绍下级。

（4）先为已婚女士介绍未婚女性等。

介绍者要居中位置，在介绍时态度要热情友好，语言亲切，平等对待每一位被介绍者。介绍手势要文雅，手心朝上，四指并拢，拇指张开，手掌朝向对着被介绍者，但介绍人不能用手拍介绍人的肩、胳膊和背等部位，更不能用示指或拇指指着被介绍的任何一方。

2. 握手 握手是交际双方以肢体接触来传递情感的礼貌举动。

（1）握手的顺序：应该根据握手双方的社会地位、年龄、性别和宾主身份来确定。长者先伸手；上下级之间、长辈与晚辈之间，上级长辈先伸手，下级晚辈上前相握；男士和女士之间，女士先伸手，男士才能相握，男士轻轻一握即可；如果女士没有伸手，男士可以点头或鞠躬致以代替。

（2）握手三要素

1）握姿：介绍完之后，双方互相问候后伸出右手，保持 60cm 的距离，手略向侧下方伸出，拇指张开，身体略往前倾，头略低，面带笑容，注视对方的眼睛，并说"您好""见到您很高兴"或"欢迎您"。

2）时间：握手的时间不宜太长，一般因时因地因情，初次见面握手时间以 3~5 秒为宜。

3）力度：握手的力度要适度，牢而不痛。过重会显无礼；过轻又显敷衍了事。

3. 递交名片 名片是现代交际的一种时尚文化，是一个人的身份、地位的象征，更是一个人尊严、价值的外显形式。名片通常都会显示自己的个性特点，但内容要朴实无华，突出姓名、职衔、职称和联系电话号码即可。

（1）递名片礼仪：名片是一个人的身份、地位的象征，更是一个人尊严、价值的外显形式。交换名片是建立人际关系的第一步。递送名片时，名片要从盒子里抽出，人要站立，举止谦虚，微微低头致意。恭敬地用双手的拇指和示指握住名片上端的两角送到对方面前，名片看面正朝向对方。

（2）接名片礼仪：接受对方名片的时候，应该起身或欠身，面带微笑迎向对方，恭敬地用双手的拇指和示指接住名片的下方两角，并说"谢谢""认识您很高兴"。然后仔细阅读对方名片，不懂的要请教。

（二）门店礼仪

1. 以诚为本 "以客户为中心"，诚信待人，树立良好的服务意识，打造阳光心态，在眼视光工作中充分认识自己，能够以恰当的方式与客人沟通，把良好的形象和优质服务结合起来。

2. 客户意识 真正做到"以客户为中心"，服务贵在"深入人心"。既要将眼视光门店服务的理念牢固树立在自己的内心深处，又要深入客户内心世界中，真正把握客户的需求，而不是仅做表面文章。正确地理解客户的需求，客户没想到的我们要提前想到，用真心实意换取客户的认可和信任。

3. 善于沟通 门店销售语言对于门店人员来说是非常重要的，门店人员是与顾客进行直接交流的人群,如果语言粗鄙、语气不佳、语调怪异,会给顾客留下非常坏的印象,进而这家门店在顾客心中也不会有好印象,顾客更不会多次光顾。

门店销售人员养成良好的谈吐语言习惯和一个人的外表一样,谈吐举止没有统一的模式,各人有各人的习惯,各人有各人的标准,但是一流的门店销售人员应当遵守共同的销售礼仪礼节,应尽量避免一些不礼貌的言谈和举止习惯。

4. 团队精神 门店销售讲究团队精神,特别是对于眼视光工作人员来说,一个顾客的配镜完成是经过好几个环节的,涉及参与的工作人员很多,各环节的连接是非常重要的,如出现沟通不到位,工作就会出现问题,因此,团队合作尤为重要。

5. 责任感 "客户至上、服务至上"作为服务行业的服务宗旨,充分地反映了门店销售人员的期望。作为眼视光公司的员工,一言一行都代表着公司的企业形象,对客户能否进行优质服务直接影响到公司的企业声誉,即使有再好的商品,而对客户服务不周,态度不佳,恐怕也会导致公司的信誉下降,业绩不振。

二、办公场所礼仪

(一) 办公环境

办公环境应该给人以高雅、宁静、紧张、有序的感觉,办公环境既是工作的地方也是社交场所。办公环境是一种无声的语言,向来访者传递着所在组织的风格和精神面貌。办公室礼仪要做到以下几方面:

1. 仪表端庄 办公室里最适合的仪表是西装和职业套裙,它们显得正规和气派。

2. 谈吐文雅 办公室里的问候是常见的,进办公室或碰见同事都应该愉快问候。粗话、脏话及流言蜚语在办公室应该无缘。

3. 举止得体 办公室里就算只有自己一个人,也要自然、得体,要注意自己的语言形象及形体姿态。

4. 注意小节 在办公室里不要因天气热而卷起袖子、裤管,不要口叼香烟到处乱走,有客来访积极接待,下班前整理好办公台面。

(二) 办公室人员礼仪

1. 着装礼仪 在上班时间,无论男女员工都要按照单位要求规范着装,应该统一穿工作服。作为眼视光工作人员或医护人员更要穿着规范的着装,与工作环境相协调。

2. 谈吐礼仪 上班进入工作区域,要和同事之间打招呼和微笑,下班要和同事打招呼道别,对长者和上司更要尊重和称呼其职务。眼视光工作人员或医护人员更要注意自己的谈吐,对来客要热情到位,对患者周到体贴。不要说不该说的话,让客人(患者)有心理负担。

3. 行为举止礼仪 上下班准时守约,反映出个人的道德修养和礼仪风范,不要随便走动和串门。在眼视光工作中更要体现服务精神,满足顾客需要,传播正能量,以礼貌的言行举止、健康的方式和客人沟通。

三、会面礼仪

(一) 接待礼仪

1. 接待准备　有客人来访,如果是事先约定的,就应做好迎客的各种准备。如个人仪表仪容,居室卫生,招待客人用的茶具、烟具、水果、点心等。如果客人不告而至,也应尽快整理一下房间、客厅,并对客人表示歉意。

2. 迎客礼仪　当客人来访时,工作人员应该主动站起来引领或应接客人进入或者接待入公共接待区,并为客人送上饮料;坐在座位交谈时,声音不宜过大,面部带着微笑。

3. 待客礼仪　待客人坐下后,应为其敬茶或端上其他食品。上茶时,一般应用双手,一手执杯柄,一手托杯底,用手指捏住杯口边缘向客人敬茶,既不卫生,也不礼貌。交谈时,应专心致志,不要东张西望、心不在焉,或者频频看表,更不可将客人撇在一边。

4. 送客礼仪　客人要走时,主人应等客人起身后再相送。对于年长的客人、稀客等,主人应送至大门口,然后握手道别,目送客人离去。如果送至电梯口,则要等客人进入电梯,在电梯关门后再离开。

(二) 拜访礼仪

出门拜访顾客一定要准时。如果有紧急的事情,或者遇到了交通拥堵,立刻通知你要见的人。如果打不了电话,请别人替你通知一下。如果是对方要晚点儿到,你要充分利用剩余的时间。

1. 预约守时　拜访要选择一个对方方便的时间。一般可在假日的下午或平时晚饭后,要避免在吃饭和休息的时间登门造访。拜访前,应尽可能事先告知,约定一个时间,以免扑空或打乱对方的日程安排。约定时间后,不能轻易失约或迟到。如因特殊情况不能前去,一定要设法通知对方,并表示歉意。

2. 敲门问候　拜访时,应先轻轻敲门或按门铃,当有人应声允许进入或出来迎接时方可入内。敲门不宜太重或太急,一般轻敲两三下即可。切不可不打招呼擅自闯入,即使门开着,也要敲门或以其他方式告知主人有客来访。

3. 文雅得体　进门后,拜访者随身带来的外套、雨具等物品应搁放到主人指定的地方,不可任意乱放。对室内的人,无论认识与否,都应主动打招呼。主人端上茶来,应从座位上欠身,双手捧接,并表示感谢。与主人交谈的时候,要注意礼貌,语气要温和可亲。有要事必须要与主人商量或向对方请教时,应尽快表明来意,不要东拉西扯,浪费时间。

4. 仪表整洁　去拜访客人,要衣着得体,整洁、朴素、大方即可,不必太过华丽。蓬头垢面、衣冠不整是对主人的不敬。

5. 善解人意　拜访时间不宜过长,一般以 0.5~1 小时为宜。若是事务、公务性拜访,则可视需要决定时间的长短。客人提出告辞的时间,最好是在与主人的一个交谈高潮之后。离开时要主动告别,如果主人出门相送,拜访人应请主人留步并道谢,热情说声"再见"。

● 第三部分　任务

➢ **布置任务**

收集一天自己所发生的事,结合本章的理论知识,分析存在的问题,总结经验。

要求:

1. 请举例说出因为礼仪问题而导致沟通不畅影响到人际关系的。

2. 学习礼仪后有哪些要好好改变的?

3. 分析如何能增强自己的人际关系,提高沟通能力。

4. 自我总结。

➢ **作业**

1. 沟通与礼仪有哪些密切关系?

2. 礼仪在人际关系中有哪些重要性?

3. 礼仪有哪些特点与原则?

4. 礼仪在沟通中的作用有哪些?

5. 工作中如何规范穿着,要注意哪些问题?

●● 参 考 文 献 ●●

[1] 熊经浴. 现代实用社交礼仪. 北京:金盾出版社,2014.

[2] 张荷英. 人际关系与公共礼仪. 北京:首都经济贸易大学出版社,2012.

[3] 黄剑鸣. 现代商务礼仪. 北京:中国物资出版社,2012.

[4] 黄力毅. 人际沟通. 北京:人民卫生出版社,2003.

第三章
眼视光工作中的语言沟通

教学目标

1. 了解语言沟通的概念、形式和原则;口语沟通的定义、常用语言和原则等基本常识。

2. 学习眼视光工作中书面语沟通的定义、优劣势、技巧和眼视光工作的常见文书沟通。

3. 掌握眼视光工作中口语沟通的说和听的技巧。

第一节 概 述

● 第一部分 案例

➢ 案例 3-1

鲁迅散文《立论》

我梦见自己正在小学校的讲堂上预备作文,向老师请教立论的方法。

"难!"老师从眼镜圈外斜射出眼光来,看着我,说:"我告诉你一件事——一家人家生了一个男孩,合家高兴透顶了。满月的时候,抱出来给客人看,——大概自然是想得一点好兆头。

一个说:这孩子将来要发财的。他于是得到一番感谢。

一个说:这孩子将来要做官的。他于是收回几句恭维。

一个说:这孩子将来是要死的。他于是得到一顿大家合力的痛打。

说要死的必然,说富贵的说谎。但说谎的得好报,说必然的遭打。你……"

"我愿意既不说谎,也不遭打。那么,老师,我得怎么说呢?"

"那么,你得说:'啊呀! 这孩子呵! 您瞧! 那么……。阿唷! 哈哈! He he! He,he he he he!'"

29

➢ **讨论**

1. 你怎么看三位客人和老师的说法？

2. 你还能想到其他说法吗？

➢ **案例 3-2**

丈夫陪妻子买太阳眼镜，妻子问："你看，这个圆形边框的怎么样？"

"不错。"

"不过好像是经典款，不够时尚。这个怎么样？新款呀，昨天我才在杂志里见过！"

"还行。"丈夫抬头看了她一眼，又低头专注于手机游戏。

"算了，时尚你不懂，你的意见都没有参考价值！我还是问导购小姐吧。"妻子一脸不悦。

"嗯。"他头也不抬。

➢ **讨论**

1. 妻子为什么不高兴？

2. 丈夫如何回答才好？

➢ **思考**

上述两个案例中，人们主要运用语言传递信息和交流思想，实现沟通，即语言沟通。我们可以看到语言沟通的确不容易。说谎话不好，说实话不行，说奉承话太假，不说话"嗯"或"打哈哈"又有敷衍之嫌。那么，在人际交往中我们该如何提高语言沟通技巧，实现有效沟通呢？

● **第二部分　知识**

一、语言沟通的概念

语言沟通是指以语词符号为载体实现的沟通，主要包括口头沟通、书面语言沟通和电子沟通等。

> **考点提示**
> 语言沟通的概念、主要形式和原则

二、语言沟通的主要形式

(一) 口头沟通

口头沟通是指借助有声语言实现的信息交流，主要包括听和说两个方面。它是日常生活中最常采用的沟通形式，具有互动性、反馈性、互补性、迅捷性、信息量大和个性化等优点，同时也有逻辑性和条理性差、时空限制明显、主观性强已被曲解、对拙于言辞者不利等局限。

> **考点提示**
> 口头沟通和书面沟通的概念

(二) 书面沟通

书面沟通是指借助文字、符号和图画等书面语言为载体进行的信息传递，它将有声语言沟通交流方式从"可听性"延伸扩大到"可视性",在生活和工作中被人们广泛使用,具有便于沟通信息长期保存、表达信息准确性高、沟通信息传播便利且范围广等优点,与口头沟通比较而言,具有传播速度慢、沟通双方不能即时交流、对沟通双方的语言文字水平有要求等不足。

三、语言沟通的原则

在沟通过程中,语言的表现形式尽管丰富而复杂,却能充分反映语言使用者的文化素养。人们应当遵循一定的原则,增加语言沟通的有效性,促进沟通者之间的和谐融洽。

(一) 平等有礼

人与人之间是平等的。眼视光工作中的护理人员与患者、验光师与顾客的关系也是如此。所以,在护理和验光配镜服务中,护理人员和验光师要注意多使用礼貌性语言,好让患者和顾客感受到温暖而更好地配合护理和验光。

(二) 尊重真诚

人际沟通是在尊重他人和真诚相待的基础上展开的。在语言沟通中,人们必须尊重他人的人格、个性、习惯、背景、地位、兴趣和隐私等,无论使用何种的语言的形式或内容都应以真诚的态度开展交流。

> **考点提示**
> 语言沟通中合作的两个层次

(三) 相互合作

语言沟通的顺利开展,信息和感情有效的传递,全赖沟通者之间的相互合作。合作有两个层面:形式的合作和内容的合作,在语言沟通中上述两个层面都有涉及。并非所有语言沟通情况下都能达到两个层面的合作,形式的合作是不可或缺的。例如,一方在说,另一方起码要在听,才能达成信息传递,构成沟通。这就是形式的合作。但沟通中,人们往往并不满足于单纯的形式合作,追求更深层次的合作——内容的合作。又例如,人们在交谈中,说的一方不满足于对方单纯的聆听或者敷衍的回应这些形式的合作,更希望一起讨论交流,得到内容的合作。但每次语言沟通达到的合作层次的程度没有定论,人们可以根据沟通的目的、场合和对象来选择适合的层次。

(四) 明确目的

人们是为了实现一定目的而进行语言沟通的。沟通的一方借助语言传递信息和情感,另一方则通过接收语言来领悟其意图,已达到沟通的目的。因此,在语言沟通中,选择使用适当语言交流,要考虑沟通对象的实际情况(如年龄、性别、背景等),具体的语言环境和交流主题,有的放矢,以达到预期的沟通目的。

(五) 符合语境

语言沟通是在一定的语言环境(时间、地点和场合)中进行,特定的语言环境因素制约着语言沟通的内容和形式。所以,语言沟通一定要符合特定语境的要求。例如,验光师不适合在顾客进行沉重的眼镜试戴时进行眼保健知识宣讲,护理人员不应在患者接受眼科治疗中感到疼痛时表现出无所谓的冷漠。

(六)科学规范

眼视光从业人员在与患者和顾客沟通时的语言具有科学性和规范性,体现为:第一,科学性,交谈中引用的例证或资料要有科学依据,不可将民间传闻或不确定的内容作为健康指南,不可任意夸大或歪曲事实,不可将治疗或视力矫正效果夸大化,不可将病情或验光情况严重化;第二,规范性,使用的语言要严格遵守行业规范,表义清晰准确。

(七)委婉审慎

委婉是一种以婉转的方式间接表达语义的语言形式,目的是让对方更易接受。在特定的语境中,当需要传递一些坏消息时使用委婉语言,会提高接受者的承受能力。比如,护士告知患者死讯时,委婉地说"走了"比直接用家属忌讳的"死"字更恰当。审慎在医护工作中体现为慎行和慎言,是医德的重要体现。医护人员在与病情严重的患者交流时,应根据患者的心理状况,顾及其承受能力,不一定适合在此时将其所有病情,特别是严重程度一一告知患者。

(八)恪守保密

日常工作中,眼视光从业人员要注意做到以下三点:第一,保护客户(或患者)的隐私,不主动打听与业务无关的隐私;绝不擅自向无关人员泄露已了解的隐私。第二,保守商业(或医疗)秘密,绝不该向无关人员透露。第三,保护同事、同行的隐私,绝不与客户(或患者)谈论其他从业人员与业务无关的内容。

● 第三部分 任务

➤ 布置任务

上文提到"验光师不适合在顾客进行沉重的眼镜试戴时进行眼保健知识宣讲,护理人员不应在患者接受眼科治疗中感到疼痛时表现出无所谓的冷漠",那么验光师可以与顾客说些什么呢? 护理人员又可以如何安慰患者? 模拟这两个情境,学生分组角色扮演验光师与顾客、眼科护士与患者进行语言沟通。

要求:

1. 学生分组以随机方式进行,各组可先有 5 分钟时间讨论和准备。

2. 角色扮演完毕后,对照语言沟通的原则,学生先组内自评再各组互评沟通效果,教师最后总结点评。

➤ 作业

1. 什么是语言沟通?

2. 语言沟通有哪些表现形式?

3. 比较口头沟通和书面语言沟通。

4. 查找资料,了解电子沟通。

5. 试运用所学的语言沟通原则,分析案例 3-1 和案例 3-2。

6. 在日常生活中收集语言沟通的案例,运用所学的语言沟通原则加以分析。

第二节 口 头 沟 通

口头沟通是使用历史最久、范围最广、频率最高的语言交际形式,也是眼视光工作中最主要的语言沟通方式,而交谈则是口头沟通最主要的方式。所以,学习交谈技巧显得尤为重要。

一、交谈

● 第一部分 案例

➤ 案例 3-3

某公司销售部主管周小玲邀请新上任的老总参加其部门的庆功宴。宴会开始时,各人因老总在场显得有点儿拘谨。她见状,当众举杯向老总敬酒,说:"老总,非常感谢您赏面! 您是君子,我是小人,我先敬您一杯!"

老总不惑,笑着问道:"小玲,客气了! 此话怎讲?"

小玲笑着说:"您是君子——动口,我是小人——动手。"

在座众人,笑声不止,宴会气氛一下子活跃起来。

➤ 讨论

周小玲简单的祝酒词为何能取得如此好的沟通效果?

➤ 案例 3-4

验光师:欢迎光临,先生! 请问需要验光配镜吗? 我是验光师小余,很乐意为您效劳!

顾客:小余师傅,你好! 昨天我到 A 眼镜店配老花镜,那里的验光师说我的眼睛糊涂了! 什么是眼睛糊涂? 很严重吗? 会不会瞎眼呀?

验光师:您不用太担心,请坐! 我需要了解更多的情况,能告诉我当时那位验光师是在什么情形下说的吗?

顾客:他问我,是加上好,还是不加好? 我说好像不加好些。他又问我,减去和不减呢? 我说似乎差不多。他又反复帮我尝试了几次加上与不加、减去和不减,但始终决定不了到底是加上还是减去。就这样,那位验光师就说我是眼睛糊涂了。

验光师:哦,其实,您的眼睛没有问题,导致最终无法决定镜片度数增减的原因是往复性的镜度刺激降低了您的视觉分辨率,您的眼睛"被糊涂"了。

顾客:我还是不太明白。

验光师:_____

顾客:原来如此,你这样讲我就明白了。我的眼睛被忽悠糊涂了。

➢ **讨论**

如果你是验光师,你会怎样讲呢?

➢ **思考**

1. 从上述两个案例中,你得到了什么启示?

2. 交谈时,怎样才能把话说好,做到有效沟通呢?

● **第二部分 知识**

(一) 交谈的概念和特点

1. **交谈的概念** 谈话各方以口头语言为载体,围绕共同话题展开的信息交流活动。

2. **交谈的特点** 交谈各方互为发言者和听众,具有互动性;交谈既可围绕一个话题展开,也可在交谈过程中随时变换其他话题,交谈的时间、地点、对象和方式等也因时、人和事而变化,具有随机性;交谈以口头语言为载体,在表达形式上讲究口语化。它是眼视光工作中最主要的语言沟通方式,如验光师向配镜者询问过往光学检测资料,配镜过程中验光师与配镜者的对话,护士向儿童讲解保护视力的信息,眼视光从业员之间的交流,等等,贯穿整个眼视光工作当中。

考点提示
交谈的概念和特点

(二) 眼视光工作中常见的交谈形式

交谈的形式多样,在眼视光工作中常见的形式有:面对面交谈,交谈各方处于同一空间,医患交谈、护患交谈、验光师与顾客的交谈多采用这种形式;非面对面交谈,交谈通过电话或网络等科技手段进行,如护士对家庭病员的电话指导,验光师为了解顾客配镜后的情况进行的电邮随访。个别交谈,交谈在特定环境中两人之间进行,如看病时的医患交谈、治疗过程中的护患交谈、验光时验光师与顾客的交谈等;小组交谈,多人以小团体为单位进行的交谈,如医护人员到校对学生进行眼保健宣教、医师们对病人进行会诊、老师集体备课等。一般性交谈,交谈围绕一些日常工作生活中常见的问题进行,问题不涉及专业领域,如师生、朋友、家人、同事间的交谈;治疗性交谈,为了解决健康问题、预防和治疗疾病而开展的交谈,目的明确,医患交谈和护患交谈多为此类。

考点提示
常见的交谈形式

(三) 交谈的艺术

交谈是一门古老的艺术。在人类发展史上,交谈作为一种社会现象,是和人类劳动、生活、交际活动一起发展起来的。说话尽管人人都会,而效果却大不一样,所谓"酒逢知己千杯少,话不投机半句多"。想在交谈中能准确自如而恰如其分地传递信息、交流思想和情感,就要做到:言之有礼、言之有物、言之有序、言之有理和言之有趣。

(四) 常用的交谈技巧

1. **妙问巧答** 提问和回答是收集和核对信息的重要手段,可以引导交谈按预期目的进行,调整交谈气氛是非常重要的一种语言沟通行为,后文有详细叙述。

2. 有效倾听　倾听是人际沟通中的一个不可或缺的技巧。通过积极的倾听,可以了解和掌握更多信息,发现问题关键,有助于防止主观误差,增强沟通能力和解决问题的能力;也可以使他人感受到被尊重和重视,有助于改善人际关系,在后文作详细叙述。

3. 委婉表达　面对很难直接谈论或者谈起来会让人觉得不礼貌的话题,我们可以使用委婉表达,即尝试用模糊的温和的表述那些原本尖锐和生硬的话题。

4. 理解认同　在语言沟通中,理解是指对人们的言语的理解,即把握言语所表达的语义、思想和情感;认同是就当前谈论的话题接纳对方的某种看法。理解和认同是接纳的基础,是一种基本的沟通技巧。在交谈中,向对方表示理解和认同,有助于建立信任,促进更深入的交流。

5. 适时沉默　沉默是指交谈时倾听者对说话者的沟通在一定时间内不作语言回应的一种交谈技巧。运用沉默技巧要适时,如,当患者或顾客在思考护士或验光师的提问时,当患者和顾客情绪激动时,当与别人的意见有重大分歧时,双方可以先保持沉默,给大家一些时间去思考和调整,避免破坏沟通气氛。

6. 风趣幽默　说话幽默风趣,以巧妙的语言来表情达意,这是一种艺术。幽默可以消除隔阂,促进人际互动,能拉近人与人之间的距离,令沟通在愉悦中顺利开展。幽默使人发笑,笑有助于释放情绪上的不安,可以帮助患者减轻与压力有关的紧张和疼痛。但幽默的笑话有可能冒犯别人的种族、年龄和身体缺陷,要特别注意。

7. 巧妙拒绝　拒绝,是一种直接或间接否定他人意愿或行为的交谈技巧。拒绝难免令人遗憾,但一个人能力再大也不可能满足所有人的全部要求,特别是一些不合理的要求或自知力所不及的请求,此时必须

> 💡 考点提示
> 拒绝技巧

学会拒绝。如何能巧妙地把拒绝的危害减到最低,获得他人的理解,要讲究一些技巧:

(1) 直截了当:该表态时就当直接表达拒绝,语言需诚恳而带歉意,态度必须明确,不应模棱两可,以免拖延别人的时间。

(2) 婉言谢绝

1) 诱导否定:说话人提出一些条件或问题诱使对方自我否定。例如,春秋时期,宋国有个人得到了一块美玉,把它献给当朝国相子罕。子罕不肯接受。献玉的人说:"我已经把它给玉石加工的匠人看了,玉匠认为它是珍宝,所以才敢献给你。"子罕说:"我把不贪财作为珍宝,你把玉作为珍宝;如果你把玉给了我,我们都会丧失了珍宝,还不如各人持有自己的珍宝。"

2) 拖延缓冲:回应对方要求时表达既不决断拒绝也不欣然接受的态度,只答应考虑,表示以后再说,是一种常见的拒绝技巧。如,对方邀约你今天共进晚餐,你可以"抱歉,今晚有事,以后再说吧"等类似的方式回绝。

3) 幽默拒绝:利用轻松诙谐的言语回应,让对方听出弦外否定之音,可以缓冲紧张气

氛,化解尴尬,避免伤害双方感情,还重掌了沟通的主动权,是一种充满智慧的拒绝方法。例如,英国有一位虚荣心重的妻子,为了与丈夫出席友人婚礼,明知夫妻正处于经济危机,她硬要丈夫买一顶昂贵的礼帽。丈夫自然不肯答应,争吵中,妻子赌气地说:"人家史密斯先生和福特先生多大方,早就给自己的夫人买了漂亮的礼帽,哪像你,小气鬼!"丈夫故意夸张地说:"可是,他们的夫人哪有你这样漂亮呀?我保证,如果她们有你一半的美貌,就根本不用买昂贵的帽子装饰了!你同意吗,亲爱的?"妻子一听不禁转怒为笑,再也不提买礼帽了,一场争吵也随之平息了。

4) 预埋伏笔:对于对方的要求,先不拒绝,而是向对方充分阐明实施过程中的不利因素,埋下伏笔,让对方有足够的思想准备,再在适当的时机用适当的方法拒绝。例如:某护理专业中专毕业生应聘本市的眼科医院做护士,作为人事部职员的你可以尝试先这样回应她:"你的学历没有达到我院规定的大专起点的要求,何况这次招收的名额不多,恐怕录用难度很大,不过我会尽力帮你争取的。"向对方充分展示了她的学历未达到医院的规定要求和招收名额不多、竞争大的不利条件,为日后拒绝预设了伏笔。

8. 心存感激　感激是指对别人的善意、帮助或施恩怀有热烈友好的感情而给予的回报。感激有物质的、精神的或行动的不同形式。在交谈中的心存感激,可以理解为一种感恩的心态。让对方体会到你没有忘记他给你的关照,让他觉得在你心中有一定地位,从而使他更愿意与你沟通交流,促进沟通双方建立更深入的人际关系。

9. 学会赞美　每人都渴望被别人赞美。赞美可以给人鼓舞,令人快乐,有助于拉近沟通双方的距离。交谈中,我们应该学会发现对方的闪光点,真诚地赞美别人。赞美并不是随意说几句恭维话就奏效的,也是一门艺术,后文有详细叙述。

● 第三部分　任务

➤ 布置任务

任务一:在同学的生日会上,你想结识一位与你年龄相仿的陌生异性,怎样与对方展开交谈?

任务二:你的好朋友向你借 500 元,说是用作考证报名和购买复习参考书,你不想借,怎样拒绝?

任务三:病房里的一位二十来岁的年轻姑娘,因外伤导致右眼永久失明,术后刚苏醒,得知此事实情绪激动,哭得撕心裂肺。你是负责该病房的护士,看到这情形该如何处理?

要求:

1. 学生分组模拟在上述三个情境中进行角色扮演,训练交谈技巧。

2. 学生分组以随机方式进行,各组可先有 5 分钟时间讨论和准备。

3. 角色扮演完毕后,对照语言沟通的原则,学生先组内自评再各组互评沟通效果,教师最后总结点评。

➤ 作业

1. 什么是眼视光工作中最主要的语言沟通方式？这种语言沟通方式的最主要表现形式又是什么？

2. 什么是交谈？交谈具有哪些特点？

3. 眼视光工作中常见的交谈形式有哪些？请举例说明。

4. 怎样理解交谈是一门艺术？请举例说明。

5. 日常生活中常用的交谈技巧有哪些？

6. 试结合所学的交谈技巧,分析案例3-3。

7. 如何能做到巧妙拒绝？

8. 收集日常生活中交谈的成功和失败案例,运用所学的交谈技巧知识加以分析。

二、问答

● 第一部分　案例

➤ 案例 3-5

新中国成立初,西方记者多次在外交场合故意刁难周总理,企图羞辱我国,都被周总理巧妙地一一化解。

有一次,一位西方记者向周总理提问:"请问总理先生,中国人口众多,您知道贵国到底有多少个厕所吗？"

周总理不假思索:"两个。"

这位西方记者有点儿纳闷:"众所周知,中国人口稠密,只有两个厕所怎么行呢？"

周总理说:"我们中国只有两种人,一种是男人,一种是女人。所以我们的厕所只需要两个,一个男厕所和一个女厕所就已经足够了。"

➤ 讨论:

周总理的回答巧妙之处在哪里？

➤ 思考

1. 从上述案例中,你得到了什么启示？

2. 交谈时,如何能做到妙问巧答？

● 第二部分　知识

(一) 妙问

提问是一种重要的交谈行为,它可以帮助打开话题、获取信息、提起兴趣和促进参与。巧妙地提问,有利于交谈的顺利开展,促进有效沟通。想要问得妙,除了把握适当的时机,还要注意提问方式的选用。

考点提示

提问技巧

1. 封闭式提问与开放式提问(表3-1) 封闭式问题就像选择题,事先设计好备选答案,回答被限制在备选答案中,即主要是从备选答案中挑选自己认同的答案,答案是唯一的。

考点提示
封闭式提问与开放式提问的区别

开放式问题与封闭式问题相对,就像问答题一样,不是一两个词就可以回答的。这种问题需要解释和说明,同时向对方表示你对他们说的话很感兴趣,还想了解更多的内容,答案是多样的。

表 3-1 封闭式提问与开放式提问的比较

	封闭式提问	开放式提问
题型	像选择题	像问答题
答案范围限制	有,在预设的备选答案里选择作答	无,自行组织语言作答
回答方式	一两个词就可以回答,如"是"或"否"、"有"或"无"、"多"或"少"等,具唯一性	形式不定,围绕主题即可,必要时可以添加详尽的解释说明,具多样性
优点	需时短,容易回答,答者乐于参与,答案真实性较高,更适合提问敏感题材;获得资料涉及面广,便于统计分析	答者的思维范围更广,限制较少;获得资料更详尽,更具深度
缺点	问题设计费时,要考虑的因素多;容易导致谈话枯燥,产生令人尴尬的沉默	需时长,答者参与程度略低
例子	你种的四叶草发芽了吗? 我们 8:00 还是 8:30 出发?	你种的四叶草长得怎样? 我们什么时候出发?

2. 直接式提问与委婉式提问 直接式提问,提问者直截了当提出问题,目的明确,不拐弯抹角。但对于一些敏感问题,过于直白的提问会令人尴尬,导致沟通失败,注意避免。委婉式提问,是在不清楚对方态度的情况下,为了避免直接提问而遭拒绝的尴尬,先虚设一个试探性的问题,以达到投石问路的效果。例如,一男孩在同学聚会上遇到一心仪女孩,想与她交往,他不会直接提问:"你愿意和我做朋友吗?"而选择试探性的问题:"我和你同路,我们一起坐车回去吧?时间不早了,一个女孩回家恐怕不安全。"女孩如果不愿意交往,她拒绝同行比直接拒绝交往,这个结果让男孩更容易接受,也避免了大家难堪。

3. 协商式提问 协商式提问,即为使对方同意你的观点,采用商量的口吻向对方发出的提问。这种提问语气平和,对方容易接受。而且,即使对方没有接受你的条件,但是交谈的气氛仍能保持融洽,双方仍有继续合作的可能,常用于商务洽谈。

4. 限定式提问 限定式提问是在一个问题中提示两个可供选择的答案,两个答案都是肯定的。这种提问目的性很强,根据人们一种认为说"不"比说"是"更容易和更安全的共同心理,它可减少被拒绝的可能性,可使提问者容易获得较理想的答案。例如,在推销过程中,有经验的推销员不会直接问顾客:"您要买 A 产品吗?"而是限定式提问:"您要买 A 产品还是 B 产品?"只要顾客选择回答 A 或 B 产品,销售就成功了。

5. 假设式提问 假设性提问,是一种以过去或以对未来的假设作为出发点的提问方式,是心理咨询家庭治疗的重要提问技术。提问者常常先假设对方置于过去或将来某个情景中,在一种与现实相反的情况下,引导对方设身处地思考,讲出对某个问题或某件事情的真实想法,往往都是一些对方平时不太愿意提及的问题或事情。类似的问题有:假设一夜之间发生奇迹,你重见光明了,这会对你的生活产生什么影响?你想过没有,假如这两年你没有抑郁症,你们家会是什么样?

6. 激将式提问 激将式提问,是一种激发式的提问,在回答者对一些尖锐问题不愿作答时,提问者故意运用激将法刺激对方,促使对方由"我不答"变为"我要答"。新闻记者在采访中,特别是电视访谈中常常使用此法,是人物采访的一把利器。

(二) 巧答

回答也是一种重要的交谈行为,是对提问的答复,回答者借它向对方反馈信息和传递感情,以达到加深认识、解决问题、升华情感的目的,促使沟通质量的提升。案例 3-5 中,周总理巧妙的回答轻描淡写地化解了外交危机,充分表现出他过人的应变能力和高超的语言艺术。如果我们在沟通过程中想巧妙对答,就需要学习一些回答的技能。

💡考点提示
回答技巧

1. 直接回答与间接回答 直接回答就是针对问题直截了当给出答案。回答前,要先领会问句的表里含义,考虑提问者的动机意图,这样回答更有的放矢。间接回答,是对于一些尖锐的问题,回答时不直接给出答案,而从另一些温和的角度作答,避开对方的锋芒,让对方自己领会答案。比如,明星们在对应娱乐记者追问绯闻时,总是从另一些角度答复,既不明确肯定也不坚决否定,答案耐人寻味。

2. 以问代答 以问代答是一种面对一些不便作答或一时难以解释清楚的问题时,反客为主,反问对方,让他自己揣摩答案的回答方式。例如,诺贝尔文学奖得主、爱尔兰剧作家萧伯纳的剧本《武器与人》公演,他走上舞台向观众致意时,有一个人喊道:"萧伯纳,你的剧本糟透了,谁要看? 收回去,停演吧!"萧伯纳彬彬有礼地回答:"朋友,我完全同意您的意见,但遗憾的是,我们两个反对那么多观众有什么用呢? 我们能禁止这剧本的演出吗?"话刚落,全场欢呼声和掌声雷动。

3. 答非所问 答非所问,就是回答的不是所问的答案,这是一种模糊的回答方式,表面上似乎在回答,实际上却转换话题,答案不触及提问的实质,在外交领域尤为常见。

4. 诡辩而答 诡辩,辩论的一种技巧,指有意地把真理说成是错误,把错误说成是真理的狡辩。在一些特殊情况下,回答时运用诡辩做出一些反常的答案,既有诙谐幽默之效,又可巧妙化解危机,实属一举两得。例如,有一天,古希腊著名诡辩家欧布利德斯遇到一个傲慢的人,打算戏弄一下对方,问道:"你没有失掉的东西,就是你有的东西,对不对?"那人回答:"当然对呀! 我的东西从来没有失掉过。"接着欧布利德斯又说:"你没有失掉头上的角,那你就头上有角。"那个人既生气又无奈,明知受了愚弄,但欧布利德斯似乎很有道理,他不懂怎样反驳。

● 第三部分 任务

➤ 布置任务

任务一:

某公司业务员 Z 致电客户 Y 进行商务约见,希望能在下周一下午三点到 Y 的办公室拜访,洽谈合约事宜。思考:Z 该怎样跟 Y 沟通才能使约见更容易达成?

任务二:

顾客 M,男,15 岁,近视患者,一直配戴着眼镜,首次到眼镜店 A 配镜,准备进行插片验光,验光师 N 对其进行验光前问诊。

要求:

1. 学生分组模拟在上述两个情境中进行角色扮演,训练交谈技巧。

2. 学生分组以随机方式进行,各组可先有 5 分钟时间讨论和准备。

3. 角色扮演完毕后,对照问答技巧,学生先组内自评再各组互评沟通效果,教师最后总结点评。

➤ 作业

1. 什么是提问?

2. 提问的方式有哪些? 请举例说明。

3. 比较封闭式提问与开放式提问的区别。

4. 什么是回答?

5. 回答的方式有哪些? 请举例说明。

6. 试结合所学的问答技巧,分析案例 3-5。

7. 如何能做到妙问巧答? 请举例说明。

8. 收集日常生活中问答的成功和失败案例,运用所学的问答知识和技巧加以分析。

三、倾听

● 第一部分 案例

➤ 案例 3-6

女主人晚宴餐单里重要的主菜是清蒸一条稀有的石斑鱼。为了让鱼的鲜味能完美地呈现在客人面前,女主人不厌其烦地反复嘱咐女仆每个烹饪细节。最后女主人特别交代摆盘方式,说:"记住,要用银盘来盛这条鱼,银盘四周要有精美的装饰,别忘了,嘴巴里含一片柠檬。"女仆一边听一边用笔记录,不敢怠慢。

宴会当晚,晚餐那道石斑鱼主菜被端上来时,女主人哭笑不得。石斑鱼放在银盘当中,看起来色、香、味俱全,银盘四周的装饰精美,一切正如她的吩咐;上菜的女仆嘴巴里含着一片柠檬,也正如她的吩咐一样。

> 讨论:

1. 一切不都正如女主人吩咐的一模一样吗,为什么她还不满意?

2. 哪些因素导致结果不让女主人满意?

> 案例 3-7

对话一:

医师:哪里不舒服?

患者:我昨天干活可累了,现在腰很痛。

医师:你的意思是因为劳累,所以腰痛,是吗?

患者:是啊!

医师:嗯,明白。

对话二:

医师:哪里不舒服?

患者:我的腰很痛,很累。

医师:你的意思是腰痛而感觉很累,还是因为劳累导致腰痛呢?

患者:干活累着了才腰痛。

医师:嗯,知道了。

讨论:在这两段问诊对话中,医师怎样确保听到正确的主诉?

> 思考

1. 从上述两个案例中,你得到了什么启示?

2. 交谈时,如何能做到有效倾听?

● **第二部分 知识**

（一）倾听的概念

倾听是从他人说话提炼信息的过程。倾听与听有区别,不是一个意思。听是指声波传入耳鼓,信号传递到大脑的过程,只是倾听的一个环节。倾听不仅指听这一对声音的知觉,接收信息的行为,还包括构思、重组信息的含义和回应信息这一系列活动过程。所以,人们尽管听到相同的内容,也会受倾听的效率、经验、偏见、性别或文化等因素影响,得出不

考点提示

倾听的概念,倾听与听的区别

同的理解,收到不同的倾听效果。

(二) 倾听的层次

按影响倾听效率的行为特征,倾听可分为以下层次:

考点提示

倾听的四个层次

1. 心不在焉,听而不闻　倾听者把说话人的话当耳边风,对说话人所说的内容完全听不进。倾听者也许是因为心思在其他与说话人诉说话题无关的事项上,会略作"嗯""哦""哎"或"好"等敷衍回应,让说话者造成错觉,误以为他们已经了解情况或表示赞同。倾听者又或许一心只想着辩驳,对说话人的话不感兴趣,只想说话人尽快讲完,迫不及待地反驳。这个层次的倾听效率极低且非常危险,常常导致沟通失败,甚至人际关系破裂。

2. 有选择地听　倾听者对说话人的话有选择性地关注,只接收合自己心意的话语信息,自动过滤对不利自己的或与自己意见相左的话语信息。这个层次的倾听也容易导致沟通失败,不利于良好人际关系的建立。

3. 专注地听　倾听者主动积极地聆听,能够专注于说话者的话语内容,但不能保证重组话语信息的正确性。这个层次的倾听较上两个层次积极,可以一定程度上激发说话者继续交谈的意欲,使沟通顺利开展。

4. 同理心地听　倾听者带着理解和尊重积极主动地聆听说话者的话语内容,有意识地注意说话者呈现的非语言线索,设身处地感同说话人的情感,以鼓励对方诉说,获取更多信息,达到有效沟通的目的,促进建立良好人际关系,是一种优秀的倾听方式。

(三) 有效倾听

有效倾听是指倾听者有意识地带有明确的目标聆听说话者所想要表述的意思。有效倾听这一交谈技巧对我们开展有效沟通具有非常重要的意义:有助于获得重要信息,减少主观误差,提高交谈技巧,增强语言

考点提示

有效倾听的概念和意义

沟通能力;有助于缓解冲突、化解矛盾、获得信任和建立友谊,改善人际关系。既然它如此重要,我们应该努力学习有效倾听的技巧,但在语言沟通的实践中,我们发现有许多因素影响着有效倾听,构成了有效沟通的障碍。

1. 有效倾听的障碍

(1) 环境因素引起:所有交谈都是在一定环境中进行的,环境是影响有效倾听最重要的因素之一。环境因素除了有客观环境因素,如交谈场地的选择、交谈环

考点提示

有效倾听的障碍

境的噪声和交谈各方座次的安排等,也有主观环境因素,如交谈人数、交谈话题和交谈气氛等。其中,噪声影响较常出现。在倾听中,噪声是一切阻碍倾听他人说话的刺激,如嘈杂的音乐声。例如,当我们处于一个非常热或者冷的极端气候环境中,又或者当我们很饥饿时,我们的注意力会下降,影响倾听效果。

(2) 信息超载：信息超载是指倾听者所接收的信息远远超出其信息处理能力。在网络技术不断发展的背景下，世界的信息和知识都处于大爆炸状态，我们每天可能接收了过多信息，还未来得及处理完毕。这时，我们再不能有效地倾听新信息了。

(3) 走神：有时我们的思考比别人讲话要快，在这段时间差里，我们的大脑就会走神，在想其他的事情或者什么都不想，也没有听别人的说话。我们可能因走神而错过一些信息的重要细节，未能准确理解说话人想要表述的意思。走神，会让说话人以为我们没有在听，觉得不被尊重，萌发终止交谈的念头。

(4) 假倾听：假倾听就是倾听者在沟通时没有真正在听而是假装在听，往往还会使用一些敷衍的反馈行为，证明自己在听。上述倾听层次中的"心不在焉"和前文中的案例3-2就属于此类。

(5) 选择性注意：受心理定势的影响，人们都有自己的好恶。选择性注意，倾听者只关注自己喜欢的或想听的部分而忽略其他内容，出于礼貌，倾听者对忽略部分仍表现出假装在听。上述倾听层次中的"有选择地听"就属于此类。

(6) 反驳倾向：反驳倾向，倾听者在说话者还在说话的时候，没有足够关注对方，而习惯于考虑如何反驳对方、在心里模拟与对方辩论、急于得出结论，很容易错过一些关键细节。上文"倾听的层次"的第一个层次"心不在焉，听而不闻"中也有叙述。

2. 有效倾听的策略 既然有效倾听受上述沟通环境和倾听者个人因素的影响，倾听者就应学习一些方法和技巧以提高倾听能力，实现有效沟通。在沟通中，除了尽可能营造一个安静舒适的交谈环境，倾听者要全身心参与，做到"五到"：耳到、口到、眼到、心到和脑到。

考点提示

有效倾听的技巧

(1) 耳到：倾听者要耐心聆听，专注说话者的话语内容，详尽地收集信息。

(2) 口到

1) 鼓励诉说：我们可以用语言鼓励对方诉说，表示出对交谈的兴趣。例如：直接邀请交谈，医师对患者说："您哪里不舒服？"；鼓励继续交谈，"嗯，您的想法很有意思，能详细说说吗？"注意不要随意打断对方的诉说或不要急于作判断，例如，"别说这些了，已经无济于事了，咱们谈点儿别的吧！"或"您的近视度数又加深，肯定是一天到晚玩电脑游戏吧！"

2) 核实理解：当没有听清楚或听明白时，倾听者可以使用一些语言技巧去核实自己的理解是否准确。常用的语言技巧有：

复述，重复一次对方的话。例如，顾客说："我戴了新眼镜后，就觉得眼干，不舒服，看近的东西模糊。"验光师说："您是说您戴了新眼镜后，就觉得眼干、不舒服、看近的东西模糊，是吗？"

意述，把对方的话用不同的说法说出来。案例3-7中的对话一，患者说："我昨天干活可累了,现在腰很痛。"医师说:"您的意思是因为劳累,所以腰痛,是吗?"

澄清,弄清那些模棱两可的、含糊不清的或不完整的陈述。案例3-7中的对话二,患者说:"我的腰很痛,很累。"医师说:"您的意思是腰痛而感觉很累,还是因为劳累导致腰痛呢?"

总结,用简单语句概括对方复杂的叙述。例如,顾客说:"戴了这个渐变镜,好像所有东西在我眼前摇晃,东歪西倒,天旋地转,看得我晕晕乎乎的,难受死了!"验光师:"您配戴这渐变镜后,看东西摇晃感强烈,头晕,无法适应,是吗?"

3)反映信息:在交谈中,倾听者通过专注倾听,能正确理解说话者词不达意表述的真正含义,或说话者在语言和身体语言中不自觉流露出的言外之意,并把这些信息准确表达出来,帮助说话者领悟自己的真实情感。例如,患者说:"我都住院一个星期了,检查做了一大堆,到现在为止,谁也没告诉我,我的眼睛到底为什么看不见,到底要怎么治疗,会不会瞎了!怎么搞的呀!"护士说:"看来您很着急,很烦恼。"病人说:"可不是嘛!"

(3)眼到:眼睛是心灵之窗。交谈中,倾听者适当注视对方眼睛,保持双方目光接触,可让对方感受被关注,同时,可观察对方的表情、眼神、体态和动作等非语言因素,协助判断对方口头语言的真正含义。例如,微微点头,轻声应答"嗯",表示在注意听;身体后仰,表示轻慢;侧转颈项,表示傲慢;等等。眼视光工作中,护士(或验光师)在倾听患者(或顾客)诉说时,可保持适当距离和体姿,身体稍微前倾,表示认真聆听并对说话内容感兴趣,以表尊重。非语言因素在沟通中应用将在下一章作详细叙述。

(4)心到:倾听者要以换位思考的态度站在说话者的角度,去体会对方的处境,感受对方的内心,向对方表达同情,让对方感受到被理解。例如,癌症患者向护士讲述他化疗后的痛苦,护士可以这样表达同情:"化疗后副作用的确很明显的,您一定很难受,吃了不少苦!"

(5)脑到:倾听者在倾听过程中要运用大脑去客观地分析说话者的动机,以便准确理解说语的字面含义和言外之意。

● 第三部分 任务

➤ 布置任务
与同学开展交谈,练习倾听技巧。

要求:

1. 学生自由分组进行交谈,各组人数不限,话题不限,也可自行设计不同交谈情境。

2. 练习结束后,学生先组内自行分享倾听心得,再各组互相交流,最后教师总结点评。

3. 课后,可拓展至与老师、家人或陌生人交谈,加强有效倾听技巧的训练。

➤ 作业

1. 什么是倾听?倾听与听一样吗?

2. 按影响倾听效率的行为特征,倾听可分为哪些层次?请举例说明。

3. 什么是有效倾听？有效倾听在沟通中有何意义？

4. 哪些因素对有效倾听造成障碍？请举例说明。

5. 哪些策略有助有效倾听？请举例说明。

6. 试结合所学的倾听技巧，分析案例 3-6 和案例 3-7。

7. 收集日常生活中有效倾听的案例，运用所学的知识和技巧加以分析。

四、赞美

● 第一部分 案例

➤ 案例 3-8

一名 5 岁的急性结膜炎患儿正准备洗眼。护士观察到男孩拿着接水器的小手在发抖，接水器无法按要求做到紧贴洗眼一侧的颧弓下并保持水平。

她于是询问："怎么了小朋友？"

男孩轻声回答："没什么。姐姐，洗眼像打针一样疼吗？"

护士明白了，原来男孩害怕，她微笑着安慰他："不疼，洗眼当然跟打针不一样。洗眼就像用药水给眼睛洗澡，洗澡怎么疼呢？小朋友，你怕打针吗？"

男孩听了，如释重负："妈妈说男子汉大丈夫要勇敢，我才不怕打针呢！"

护士顺势称赞："对呀，你是勇敢的大丈夫，打针都不怕，给眼睛洗澡肯定也不怕，是吧？"

"嗯，我不怕！"小手不再颤抖。整个洗眼过程，他都非常配合护士。

➤ 讨论：

护士如何让小患者配合洗眼？

➤ 思考

1. 从上述案例中，你得到了什么启示？

2. 交谈中，有哪些赞美技巧？

> 考点提示
>
> 赞美的技巧

● 第二部分 知识

《孔子家语》云："与人交，推其长者，讳其短者，故能久也。"意思是与人交往，赞美对方的长处，忌讳说对方的短处，那样才能长久。恰当的赞美会给人带来舒适和愉悦，加强双方认同感和信任感，促进共鸣，融洽交谈气氛，收到良好的沟通效果。

（一）赞美的概念

赞美，是发自内心的对自身所支持的人或事肯定的一种表达，它实质上是人们对待世界的一种健康心态，是处理人际关系的一种积极态度。我们人人都希望得到赞美，也需要学会去赞美别人。

(二) 赞美的技巧

赞美是沟通的一个重要技巧,不是随便说几句恭维话就有效的,有一定的方法和技巧。

1. **态度真诚** 赞美发自内心,态度要真诚。不真诚的赞美是虚伪的恭维,别人不会欣赏,甚至惹人反感。没有人愿意与虚伪的人交往。

2. **指向明确具体** 赞美要避免沦为虚伪的恭维,除要态度真诚外,好评还要有明确具体的指向性,避免内容空泛,要善于发现对方的闪光点。例如,不能总是给予笼统的好评,类似"你真好""你很美""非常好吃"等,可以具体些:"你真是乐于助人""你的发型很时尚""食物色香味俱全"等。

3. **切合语境和对象** 赞美要考虑语境、对象的年龄身份特征等主客观因素,切记得体。例如,在正式的商务场合中,避免轻佻的赞美。"赵总,您的秘书长得真标致,您真有眼光!"这样的赞美与严肃的商务场合不符,只会给人轻浮、不可靠的不良印象。

4. **直接鼓励** 当面直接肯定对方,目的明确。例如:在眼科治疗中,患者积极配合,此时护士应该立即给予赞美,使治疗进展更良好。在眼镜店里,当顾客试戴合适其面型的镜框时,可即时给予赞美,肯定对方的选择。

5. **间接赞美** 不可在别人背后说坏话,但背后说别人的好话,让第三者把好话传给要赞美的人,这一种间接的赞美方式却远比当面恭维更讨好。例如,老师对上学经常迟到的几个同学进行个别教育,让他们向班里一位从不迟到的同学学习,这就是间接赞美了那位同学守时的美德。

6. **使用非语言手段** 赞美对方时,可以同时使用一些非语言手段,如目光注视对方、抚摸对方的头部、手臂轻搭着对方的肩膀等。

(三) 赞美的内容

沟通中,可从以下方面展开赞美:装扮、精神状态、为人、成就、学识、能力、服务态度、品质,等等。

(四) 赞美的语言

赞美的语言因赞美的内容众多而丰富多彩。赞美时所使用的语言因文化的差异略有不同。例如,西方常见的有:"You look great today"(你今天看上去很棒)、"Good job"(干得非常好)、"We are so proud of you"(我们为你感到十分骄傲)、"You're looking sharp"(你看上去真漂亮)等直接赞美;在中国,有时"不错"也表示赞美之意,与上述西方的直接赞美相比更含蓄。

● 第三部分 任务

➤ 布置任务

发掘其他同学的优点并赞美,练习赞美技巧。

要求:

1. 学生自由分组,各组人数不限,组员间互相发掘对方的优点加以赞美。

2. 练习结束后,学生先组内自行分享赞美心得,再各组互相交流,最后教师总结点评。

3. 课后,可拓展至在家人和朋友间进行,加强赞美技巧的训练。

➢ **作业**

1. 赞美有哪些技巧?

2. 试结合所学的赞美技巧,分析案例 3-8。

3. 收集生活中,特别是眼视光工作中的优秀赞美案例并加以分析。

第三节 书面沟通

● **第一部分 案例**

➢ **案例 3-9**

道 歉 信

尊敬的张敏女士:

您好! 据餐饮部反映,您于上周六(7 月 5 日)晚在我饮食集团旗下唐园酒家进餐后,出现腹痛、呕吐、发热等症状。经医院诊断证实为非食物中毒,实属万幸。我在此谨代表本集团向您诚挚表达万分歉意!

毫无疑问,这是个别事件。我集团是大型上市饮食集团,实力雄厚,管理完善,各餐厅出品精美,实属餐饮宴会的理想选择。我们对食物要求一向严格,之前从未发生过同类事件。这次事情发生后,引起集团内各部门的高度重视,我们积极配合卫生监管部门调查原因。估计短期内未有结果,具体有待卫监部门公布。我们会尽量避免类似事件再发生,也衷心希望此事不会影响我集团在您心中的健康形象。随信附上我集团旗下餐厅通用现金礼券若干,期待您能再次光临!

祝:身体健康!

余霞
方元饮食集团客服经理
即日

➢ **讨论**

你觉得这封信写得怎样?

➢ **案例 3-10**

一天,老顾客陈小姐在某眼镜店看中了一新款限量版太阳镜,由于喜欢颜色的框架未到货,她就和相熟的验光师小李约定到货后电联通知来店购买。

开始时,小李要求陈小姐按商店规定先交全额款项购买或交一定金额定金预订,陈小姐以赶时间离开为由拒绝,出于对熟客的信任,小李答应了到货后帮陈小姐预留,并提醒陈小姐收到通知后要尽快到店购买。

几天后,那款太阳镜到货了。由于是限量版,商店只进了一副。小李马上打电话通知陈小姐尽快来购买,她也口头答应了。之后,陈小姐碰巧出差两星期。待她出差归来到店购买时,被告知太阳镜早已卖出,并且短期内也断货了。陈小姐非常生气,指责验光师小李和眼镜店没有遵守承诺,并打算追究责任。小李觉得很委屈,一方面受到顾客指责,另一方面他也将因违规与顾客作私下承诺而接受公司的处罚。

➤ **讨论**

你觉得造成这个局面的原因是什么?

➤ **思考**

1. 从上述两个案例中,你得到了什么启示?

2. 眼视光工作的书面沟通技巧有哪些?

● 第二部分 知识

一、书面沟通的概念

在本章第一节,我们已经了解,书面沟通与口头沟通是语言沟通的主要表现形式。书面沟通是指借助文字、符号和图画等书面语言为载体进行的信息传递。它将有声语言沟通交流方式从"可听性"延伸扩大到"可视性",在生活和工作中被人们广泛使用。

> **考点提示**
>
> 书面沟通的概念

二、书面沟通的优点和不足

书面沟通具有便于沟通信息长期保存、表达信息准确性高、沟通信息传播便利且范围广等优点,与口头沟通比较而言,具有传播速度慢、沟通双方不能即时交流、对沟通双方的语言文字水平有要求等不足。

> **考点提示**
>
> 书面沟通的优点和不足

三、眼视光工作中的书面沟通

(一) 眼视光工作中书面沟通的作用

1. 有助于信息保存与传递 护士(或验光师)在工作中将患者(或顾客)的个人资料和护理(或验光)情况等用书面语记录并整理归档,这些信息就可以完好储存,以便日后随时查阅,保证了眼视光工作的连续性和完整性。一些手术(或治疗)前须知、手术(或治疗)后护理注意事项和视力宣教资料,可以打印发给患者(或顾客),也可张贴于宣传栏让患者

(或顾客)在等候时阅读;这样既减轻了从业人员逐个向患者(或顾客)讲解的重复劳动,提高了工作效率,也避免了患者(或顾客)因听不清楚或理解偏差而影响信息接收效果。

2. 提供教学和科研材料 护理(或验光)记录为教学和科研提供了鲜活的第一手材料,对护理(或验光)专业的实践教学和科学研究有重要参考价值。

3. 提供考核依据 护理(或验光)文件的书写是眼视光从业人员的一项常规工作。书写水平反映了从业人员的工作态度和专业技术水平,也可客观反映所在医院(或眼镜店)的服务质量、技术水平和管理情况。所以,护理(或验光)文件为眼视光从业人员考核提供了依据,也为医院(或眼镜店)等级评定提供了依据。

4. 提供法律依据 护理(或验光)文件客观地记录了患者(或顾客)在医院(或眼镜店)内的治疗和护理(或验光和眼视光产品销售)的过程和情况,具有法律效力。当医患(或买卖)双方发生法律纠纷时,原始的护理(或验光)文件就成为法律认可的有力证据。

(二)眼视光工作中书面沟通的应用

书面沟通的过程主要包括对沟通材料的写作和阅读两个方面,对书面沟通技巧的探讨也从上述两个方面展开,以写作为主。

1. 写作

(1) 眼视光工作中主要的书面语沟通材料

1) 工作记录:眼科医院里,有病程记录和护理记录;眼镜店里有验光记录和销售记录。写作一般采用叙述方式,反映患者或顾客的实际状况,治疗、护理和配镜方案;疑难、急危重病例等特殊个案的讨论

> **考点提示**
> 眼视光工作中主要书面沟通材料的写作

多采用叙述与议论结合的方式,探讨最适宜的处理方案。在记录的过程中要注意内容的科学性、实用性、时效性、真实性、规范性和简洁性。工作记录既体现了眼视光工作的实际内容,又凸显了眼视光专业的价值。

2) 学术论文:与眼视光专业相关的学术论文,主要作科研和教学之用,专业性强。写作遵循一般学术论文写作的要求和技巧。

3) 应用文:眼视光工作中,也会使用一些常见的应用文,如计划、方案、报告和总结等,实用性突出,写作遵循应用文写作的要求和技巧。

(2) 眼视光工作书面沟通材料的写作原则

1) 正确科学:这是眼视光工作书面沟通的首要原则,要求书写的内容真实、准确,语言恰如其分,规范地运用专业术语和缩略语。

2) 完整客观:要求全面、详尽地记录患者(或顾客)在护理(或验光)过程中的一切情况,以客观、公正的态度写作,语言平实不具感情色彩。

3) 清晰简洁:要求语言表达清楚,含义明确,避免歧义;文字精练,言简意赅。

2. 阅读 读者通过阅读书面语言了解他人的信息,理解他人的观点,体会他人的情感,达到沟通目的。为确保书面沟通的效果,要求读者具备一定的阅读能力和理解能力。

可见,阅读和理解能力的培养十分重要。在日常生活中,培养阅读和理解能力的方法多样,人们可以根据自己的实际情况进行选择,在此暂不详细叙述。

● 第三部分　任务

➤ 布置任务

制作一份个人简历,为毕业求职准备。

要求:

1. 学生根据自身实际情况独立完成,在制作过程中可与同学讨论或请教老师。

2. 完成后,学生展示成果,先学生间相互交流和评价,分享制作心得,再由教师总结点评。

➤ 作业

1. 什么是书面沟通?

2. 比较书面沟通的优点与不足。

3. 简述眼视光工作中的书面沟通。

4. 试结合所学的书面沟通知识,分析案例 3-9 和案例 3-10。

5. 收集生活中,特别是眼视光工作中的书面沟通的优秀案例并加以分析。

●● 参 考 文 献 ●●

[1] 科里·弗洛伊德 . 沟通的力量 成功人际交际交往 12 法 . 李育辉,译 . 北京:机械工业出版社,2011.

[2] 王静,周丽君 . 人际沟通与交往 . 北京:高等教育出版社,2015.

[3] 李明,林宁 . 人际关系与沟通艺术 . 北京:清华大学出版社,2012.

[4] 戚国华,李宁湘 . 人际沟通与口才训练 . 北京:高等教育出版社,2011.

[5] 翁开源 . 医学人际沟通学 . 北京:人民军医出版社,2013.

[6] 史宝欣 . 人际沟通与护理实践 . 北京:人民军医出版社,2011.

[7] 闵国光,闵敏 . 简明验光配镜手册 . 北京:人民卫生出版社,2012.

[8] 呼正林 . 临床验光经验集(修订版). 北京:军事医学科学出版社,2013.

[9] 卢孟来 . 古典散文美化口才 . 呼伦贝尔:内蒙古文化出版社,2008.

[10] 鲁迅 . 鲁迅散文全集 . 武汉:长江文艺出版社,2005.

[11] 王国轩,王秀梅 . 孔子家语 . 北京:中华书局,2009.

第四章
眼视光工作中的非语言沟通

教学目标

1. 了解非语言沟通的概念、主要形式和作用。
2. 学习副语言、身体语言和环境语言中的常见形式所表达的含义。
3. 掌握非语言在眼视光工作中应用的沟通技巧。

● 第一部分 案例

➤ 案例 4-1

1954 年,中、苏、美、英、法五国在瑞士召开日内瓦会议,主要讨论如何和平解决朝鲜问题和恢复印度支那和平问题。时任国务院总理兼外交部长的周恩来作为中方代表参加会议。

会议期间,一位浓眉大眼的美国记者前来主动与周总理握手。虽然当时中美双方处于敌对状态,但是周总理一贯认为应该将美国当权者与美国人民区别对待。于是出于礼节,周总理友好地跟这位记者握了握手。

善良的周总理没想到这位记者本来就不怀好意,他刚握完手,忽然大声喊道:"我怎么跟中国的好战者握手呢? 真不该! 真不该! "说完拿出手帕不停地擦自己刚才跟周总理握过的那只手,反复擦了好几次才将手帕塞进裤兜。

这位记者表情显得十分厌恶,内心却乐开了花,他能让中国领导人当众出丑,回国以后可以尽情地炫耀。当时周围已经有很多人被他的叫喊声吸引了过来,一些人冷笑着看周总理的笑话,也有许多人暗地里为总理捏了一把汗。

周总理皱了皱眉头,也从口袋里掏出洁白的手帕,在刚才握过的手上仔细地擦了几下。然后步伐稳健地走到拐角处,将手帕扔进了垃圾桶。他看着那位美国记者说:"这个手帕再也洗不干净了! "

然后周总理头也不回地走了,留下那位记者尴尬地站在原地,自取其辱。

> 讨论：

1. 试从口头沟通的角度分析美国记者和周总理的话语。

2. 试通过两人的行为分析他们想要传递什么信息和情感。

3. 感受有声语言和行为两种不同的沟通方式。

> **案例 4-2**

某晚，一名 10 岁小男孩玩烟花时被炸伤右眼，被家人送至眼科医院急诊就诊。

他们刚进急诊科大门，接诊护士快步迎上，面带笑容说："您好！请跟我来。"然后与家人共同扶着患儿来到诊室，她蹲下身来，为小孩脱掉鞋子，协助他上床平躺好，给他盖好被子。同时，她观察到患者右眼肿大，眼皮上有明显的伤口，伤口一直在流血，右眼无法睁开，脸色看起来十分苍白，满脸泪痕，嘴唇干燥。护士轻轻摸着小孩的头发，温柔地说："小朋友，别害怕。医师很快就来了。你也口渴了吧，阿姨给你倒水。"说着，倒了一杯温水，扶他坐起来，把杯子递到小孩手里。患儿喝完水后，长出了一口气，以示放松。此时，急诊医师来到为患者治疗。护士请家属到诊室外等候。家属面露感激，连声向护士道谢。

> **讨论**

护士使用了哪些语言和非语言沟通方式？效果如何？

> **思考**

1. 从上述两个案例中，你得到了什么启示？

2. 眼视光工作的非语言沟通技巧有哪些？

● 第二部分 知识

非语言沟通是指在人际沟通过程中，通过身体动作、体态、语气语调、空间距离等非语言符号传递信息的沟通形式。

从信息传递介质方面看，非语言沟通主要包括副语言沟通、身体语言沟通和环境语言沟通三种形式。

非语言沟通在人际沟通中为传递和交流发挥了重要作用，表现为：表达情感、显露真相、调节互动、辅助沟通、补充语言和替代语言。对眼视光工作的意义体现在：一方面，非语言对护理人员（或验光师）与患者（或顾客）之间、护理人员（验光师）之间的沟通有促进作用。例如：患者在眼科手术前紧握着护士的手，表达了患者紧张、害怕的心情和护士对其的支持和安慰之情。在眼科护理和验光过程中，护士（或验光师）可通过患者（或顾客）的表情和动作验证其话语的真实性。医护人员（或验光师）在倾听患者（或顾客）诉求时，通过点头，表达了解和认同对方的看法，同时也表示请对方继续说下去，达成沟通双方的互动，促进双方进一步交流。在紧急抢救或繁忙工作中，合作默契的医护人员（或验光师）之间通过一个眼神或一个动作就可以传递重要信息。另一方面，

考点提示

非语言沟通的概念和主要形式

考点提示

非语言沟通的作用在眼视光工作中的体现

非语言沟通对护理人员与患者及家属间的护患关系、验光师与顾客间的客户关系的建立有促进作用。例如:初次见面时,护士(或验光师)用关切的目光和微笑的面容迎接患者及同行家属(或顾客),可以传递热情和温暖,让对方感受到受尊重和重视,有利于建立良好护患(或客户)关系。

一、副语言沟通

(一) 副语言沟通的概念

副语言沟通是指有声但没有具体意义的辅助语言,包括话语者的音高、语调、音量、语速、语顿、重音、读音、清晰度、填充词、口音和笑声等。

考 点 提 示
副语言沟通的概念

(二) 副语言与语言的比较(表 4-1)

副语言不能称语言,它与语言不同。

考 点 提 示
副语言与语言的比较

表 4-1　副语言与语言的比较

	声音	代表具体意义	在沟通中传达信息
副语言	√	×	√
语言	√	√	√

(三) 副语言线索

副语言线索,是指使声音内含的不同属性,除了使每个声音独一无二,还在沟通中被使用作连接词语,帮助词语表达不同意义,具备了沟通的功能。这些线索会影响声音所传达的意义,以下是最主要的几种:

1. 音高　音高是声音高低的指标。通常女性比男性高,儿童比成人高。在异性交往中,女性更易受低沉嗓音的男性吸引,而男性则表现相反。

2. 语调　语调是说话的腔调,就是一句话里声调高低抑扬轻重的变化。一句话除了词汇意义还有语调意义。语调意义就是说话人用语调所表示的态度或口气。一句话的词汇意义加上语调意义才算是完全的意义。同样的句子,语调不同,意思就会不同,有时甚至会相差千里。

3. 音量　音量是声音响亮或微弱的指标。人们在不同情境中会按需调整说话音量。例如,在医院、图书馆、分享秘密时,人们说话会比平时小声一些。

4. 语速　语速是说话的快慢程度。成年人说话平均语速是 150 个词,但在一些情况下会增减语速。例如,处于紧张或兴奋时,语速会加快;在不自信或思考中,语速会减慢。

5. 语顿　语顿,即语音停顿,是话语的间断顿歇。在交谈中,言语的停连是一种修辞。同一句话,停顿的地方不同,表意大相径庭。

6. 重音　重音,一般指词、词组、句子里重读的音。英语中的重音为英语的声调奠定了基础,汉语沟通中重音常表示强调的作用。

(四) 眼视光工作中副语言沟通的主要技巧

1. 眼视光从业人员与患者(或顾客)交谈时,应保持与工作环境适当的音高、语调、音量、语速和语顿。

2. 倾听过程中,眼视光从业人员可使用"嗯""唔"等填充词,表示对患者(或顾客)的专注。

3. 面对患者(或顾客),眼视光从业人员在沟通时,要提高说话的清晰程度,清晰度不足会让人难以辨别说话者表达的信息。

4. 眼视光从业人员应尽量避免使用只有自己或少数人明白的方言口音,要使用大家都明白的民族共同语——普通话。

二、身体语言沟通

(一) 身体语言沟通的概念

身体语言沟通是指人们在沟通过程中,有意识或无意识地通过身体的外观、姿势、面部表情、动作等肢体语言传达信息的沟通方式。身体语言大体可分为形象语言、肢体语言和面部表情语言三方面,具体表现为人

的发型、体形、体格、身高、服饰、各种姿势、目光、表情、微笑和动作等。下面就从这三大方面叙述在眼视光工作中身体语言沟通的主要技巧。

(二) 形象语言

形象是个人的发型、化妆、服装和配饰搭配的整体表现。眼视光从业人员的整体形象,在考虑与护士(或验光师)角色一致、符合眼科医院(或眼镜店)的工作环境等职业特性的基础上,可归纳为整齐简洁和素雅端庄的专业人士形象。

(三) 肢体语言

肢体语言包括姿势语与动作语,是非语言沟通的重要组成部分。身体姿势主要有静态的坐姿、立姿,也有动态的行姿。身体常见的动作有:手部、手臂、头部、肩膀、腿足等动作和身体接触等。

1. 姿势语　身体姿势除了可以反映一个人的精神面貌和身体状况,也可以传达信息。可见,姿势语是沟通的一种形式。中国有句俗语:"站如松,行如风,坐如钟",恰好反映了身体姿势的三个主要方面:站姿、走姿和坐姿。在眼视光工作中,我们了解这三种姿势语所表达的含义,有助于改善姿势语的沟通技巧,提升沟通效果,具有重要意义。

2. 动作语

(1) 手势语:手势或称手姿,指人的手和手臂动作,手指是手部动作的核心。手势语是通过手和手臂的动作来传情达意的肢体语言,可反映人们的心理状态,主要有:手指语、握手语、挥手语和鼓掌语等。

手势可用于替代语言,辅助和强化语言,表达个人情绪状态,具有应用性广、内容丰富、表现力强的特点。

心理学研究证明,手势是通过学习而习得的,在长期社会实践中,手势已形成一些相对固定的样式和意义。例如,聋哑人士群体主要依靠手势交流,手语是他们最主要的交流方式。但手势语的意义受不同民族和文化影响会有不同表现,沟通中应注意结合文化因素理解。例如,"OK"手势在英语国家代表"OK",但在法国却表示"零"和"没有"。

在人际交往中,恰当使用手势语,可以达到意想不到的良好效果。

1)手指语:例如,老师对着喧哗教室里的学生用示指轻压嘴唇示意安静,学生会意,立即停止议论。在该情境中,使用手势语比口语批评更有效。

2)握手语:例如,比赛结束后,双方运动员不论胜负谁属都会一一握手致意,简单一个动作,缓解了刚才赛场上紧张的竞争气氛,表达了对方的祝福和胜方对负方努力的赞赏,体现了体育精神,传递了友谊,意义深远。

3)挥手语:常用于告别,表达了依依惜别之情。文学作品中有大量的例子,如诗歌《孔雀东南飞》中一句"举手长劳劳,二情同依依",就是描写男女主人公这对恩爱夫妻被婆婆强行拆散,被迫分离时双方万分不舍的情境。

4)鼓掌语:鼓掌语可表达正反信息:欢迎、感谢和称赞等;或者,不满、起哄和喝倒彩等。例如,在观赏艺术表演时,应在完整结束一节才鼓掌,不然就破坏了其他观众观赏的气氛和打断了表演者的情绪,让人反感。

5)手臂语:在沟通中,倾听者可以多观察对方的手臂语,有助判断对方的真实意图。例如,双臂交叉于胸前是一个自我保护性动作,源于婴儿期母亲的拥抱可让孩子感到安全。因此,当人们觉得处于一个不安环境中时,自然流露出这个手臂语,反映出消极、否定和防御。

(2)头语:头部处于身体的最上端,头部动作简明直接地反映了人们的意图,头语成为人们沟通交流中较易引起对方关注的内容。头语使用是否得体,对头语理解是否得当,直接影响沟通效果。常见的头部动作有:表肯定的点头,表否定的摇头,表认错、害羞和谦恭的低头,表激昂情绪和自信的仰头,表顺从的侧头,等等。例如,护理工作中,对于幼儿、年老或无法用语言和其他肢体语言沟通的患者,护理人员应仔细观察和分析他们的头语,从中准确获取患者想要传达的信息。

(3)肩语:耸肩和肩部收缩是常见的肩部动作。

考点提示
手势语的概念、作用和意义

考点提示
手部动作所表达的含义

考点提示
常见头部动作所表达的含义

1）耸肩动作：含义丰富。例如，某人说话后，双肩同时向上耸动，表示所说的内容是真实的，向上幅度越大，表明说话人对所说内容越深信不疑。受惊时，人也会不自然地松紧，表示紧张和害怕。在西方文化中，耸耸肩和摊开手表示无奈和不解。

考点提示
肩部动作所表达的含义

2）肩部收缩：人处于消极状态时，有时会好像乌龟受惊时缩回龟甲一样，慢慢提升双肩至耳朵，企图缩回自己的头，躲起来。这样的行为表示人缺乏信心。例如，足球运动员输了球后在走回更衣室时会做出这个动作。

（4）腿足语：与头部相反，腿足部在身体最下端。在沟通中，腿足语是较易被忽视的。它与其他肢体语一样，能直观地表达人们的情感和想法，有丰富含义，常见的腿脚动作有：

考点提示
腿脚部动作所表达的含义

1）腿脚颤抖或摆动：表快乐，人们会在高兴时一双腿脚突然出现同时颤抖或摆动。例如，久别的亲人重逢时会出现这种行为。表不耐烦，希望尽快结束当前状态或离开现在处境。例如，学生在下课前10分钟会反复出现腿脚摆动。

2）双脚从原来方向移开，转向其他地方：表示对方的兴趣正渐渐移开，开始丧失耐性，甚至想离开。人的脚尖通常指向自己喜欢的人或事上。交谈中，如果对方渐渐将双腿从你这侧移开，这时应当考虑对谈话内容和策略作出调整。

3）抱紧膝盖：表示想离开当前位置，已经做好结束谈话的准备。此时，由自己先结束交谈，不宜拖延。

4）叉开双腿：表示最明显、最容易识别的"捍卫领地"行为。出现这种行为，可以表明动作发出者态度越发不满，预示麻烦事将发生。

5）交叉双腿：表社交时的舒适感或自信感。例如，独处时，如感到自在，人们也会不自觉地交叉双腿。但当有人进入后，又会恢复正常姿势。

（5）身体接触：身体接触，俗称体触，即触摸，又称专业性皮肤接触，是指一种人与人之间通过皮肤接触来传递信息和表达情感的很有效的非语言行为和沟通方法，有利于人际关系的建立。触摸常见方式有：抚摸、握手、依偎、搀扶和拥抱等。

考点提示
身体接触的概念和常见方式

友善的触摸可以让人感到愉快、安慰和支持，可以传递信息和情感。在眼视光护理工作中，触摸可给予患者心理支持，缓解患者紧张情绪。案例4-2中，被烟花炸伤眼的小男孩到诊室时感到十分害怕，护士随即轻抚他的头发，给予心理支持，传达了关爱，使患者感到放松，舒缓了患者的紧张情绪。

触摸还是医护人员临床对患者进行健康评估的常用手段。例如，患者主诉肚子疼，医师问诊时触摸患者腹部以确定疼痛部位和了解腹痛性质。

触摸在治疗中可以作为一种辅助疗法应用于缓和心动过速和心律失常等症状,触摸可激发人的免疫系统,振奋精神,对成人心身健康起到重要作用。

触摸还有利于儿童成长发育。例如,婴儿在父母的拥抱中,感受到温暖和安全,有利于其信任感的建立;抚摸还能刺激婴儿中枢神经系统释放出促进生长的化学物质。

考点提示

身体接触在医护工作中的应用

尽管触摸有很多积极作用,但临床护理工作要谨慎,把握以下注意事项:视情境合理使用,如患者情绪非常激动时,触摸只会让患者反感,不适合进行。触摸方式的选择和触摸的程度要根据沟通双方在情感上的接纳程度而定;还要考虑沟通双方的性别、年龄和社会文化背景等因素,选择大家较易接受的方式;例如,初次见面时我国文化下双方适合礼节性地握手,而非拥抱,但在西方某些地区也许不同,双方会拥抱并贴面吻。

考点提示

身体接触的注意事项

(四)面部表情语言

面部表情是身体语言中最丰富和最具感染力的,是仅次于语言的交际手段。面部表情语言是通过人的眼、眉、鼻、口和颜面肌肉等面部器官的动作形态传递信息,反映人们的心理活动和思想感情,主要形式有:目光语、眉语、微笑语和嘴语。我们可通过观察、分析他人的面部表情变化,去揣摩其内心和真实看法。在人的表情中,目光和微笑最能体现沟通能力。

考点提示

面部表情语言的概念、主要形式和作用

1. 目光语 目光语是人们运用眼神来传递信息、表达情感,实现交际的身体语言。人际交往中最敏感的是目光接触。目光具体有下面三个形式:

考点提示

目光语的概念

(1)注视:在交谈中,沟通建立于双方的互相注视。眼视光工作中使用注视行为时,要注意以下三方面:

1)注视角度:护士(或验光师)注视患者(或顾客)的理想投射角度是平视。平视能体现眼视光从业工作者与患者(或顾客)间平等关系。沟通实践中,双方可根据患者(或顾客)的位置和高度,灵活调整,尽量做到平视。

考点提示

目光的主要形式及所表达的含义

2)注视时间:在眼视光工作中,注视对方的时间应占全部交谈时间的30%~60%。如果双方目光相接时间超过60%,加上对方的瞳孔是扩大的,可以认为对方对谈话内容很感兴趣。除了对关系很亲密的人,一

考点提示

眼视光工作中注视的注意事项

般社交情况下,持续相互注视的时间在 1~2 秒,持续注视时间过长会使对方不安,与异性患者(或顾客)沟通时要特别注意。

3）注视部位:眼视光工作中的交谈中,从业人员看着对方以两眼为上线、口为下顶角的三角形部分(双眼和口之间)最适宜。注视范围过大显得太随意散漫,范围过小会使对方有压迫感。从业人员的目光切忌在患者(或顾客)身上左右乱扫,或随意移离患者(或顾客)注视别处,会给人不尊重的感觉,不利于建立信任关系,使护理和验光工作受阻。

（2）环视:环视多用于一对多的交际场合,如讲座、演讲等,表示认真、重视。主讲人目光估计在场所有观众,可通过多角度的目光接触,较全面地了解每个观众的需要,及时调整话题。护理人员在巡视病房时,可环视各个患者,从整体上了解患者们的情况。

（3）虚视:虚视多用于一对多的谈话场合,如大型演讲会、记者招待会、报告会等。目光似看非看,范围一般在中部或后部,可穿插于注视与环视之间,用以调整和消除注视可能带来的呆板感和环视带来的飘忽感。

除了眼神,眨眼在沟通中也有重要意义。正常而放松状态下,人的眼睛每分钟眨 6~8 次,每次眨眼时眼睛闭上的时间为 0.1 秒。眨眼的频率和眨眼时闭眼的时间,能体现人的心理。例如,当人处于兴奋、烦乱或焦虑时,眨眼频率会提高;当感到无趣和厌恶,或表现出傲慢时,眨眼时闭眼的时间会延长。

2. 微笑语　微笑是社交场合中最吸引人、最能感染人的面部表情。因此,微笑是最易被对方接受的沟通手段。

（1）微笑的作用

1）微笑可以美化形象:英国作家查尔斯·里德说过:"美是力量,微笑是它的剑。"微笑能美化人们的外表,陶冶人们的心灵。难怪画家达·芬奇笔下微笑着的蒙娜丽莎如此令人着迷。

> 考点提示
> 微笑的作用

2）微笑有助于化解人际关系中的不融洽局面:微笑表示对对方的欢迎、尊敬和欣赏,传递着积极的正面信息。在一些人际交往不融洽的情境中,微笑可以让对方感受到善意,迅速拉近双方的心理距离,消除紧张和疑虑,使气氛趋向和谐,扫除交际障碍。

3）微笑能委婉、得体地达意:例如,在某些难以言传的情形下,人们可以笑而不语,让对方自行意会。

（2）微笑的艺术:要笑得真诚,发自内心;要笑得自然,不矫揉造作。微笑是内心情感的自然流露,发自内心的真诚微笑,充满友善,可让人们在日常工作生活中获得更多友谊和机会,虚伪的"皮笑肉不笑"和被迫的强颜欢笑只会令人反感。

> 考点提示
> 微笑的技巧

如何识别真诚的微笑和伪装的微笑? 美国作家马克·吐温曾说:"有皱纹的地方只表示微笑曾在那儿待

> 考点提示
> 识别微笑的真伪

过。"通常大多数人在挤出伪装的微笑时,只是牵动嘴角而已。然而,当人们流露出积极的情绪时,微笑会从脸部一直向上达到眼部,外眼角周围簇起皱纹。所以,面颊向上提升,眼部下方的皮肤凸出,眼尾的皱纹也变窄了,这一系列的面部肌肉动作显示此人正在由衷地开怀微笑。

要笑得合适。在人际沟通中,微笑的运用有讲究:情境、对象和程度要适合。例如,在丧礼等悲伤情境中,过多微笑不适合。对不同交际对象应当使用不同含义的微笑,对恋人爱慕的微笑和对长辈尊敬的微笑不同。在严肃的正式场合中,淡淡的微笑足以传情达意,捧腹大笑就太没节制了,会令人反感。

(3) 微笑训练:微笑是可以训练的。礼仪培训中就有微笑训练项目,美的微笑应该是嘴角微微上扬,上下刚好各露出 6~8 颗牙齿。常见的训练方法有:引导法,闭眼想象一些美好经历,酝酿情绪,让笑发自内心。发音练习,面对镜子,深呼吸,慢慢呼气,将嘴角两侧对称往耳根部提拉,发"一"或"七"的声音,微笑时注意眉、眼、面部肌肉、口形和露齿和谐统一,符合礼仪标准。当众练习,使微笑规范、大方,克服羞涩和胆怯,可请观众根据要求进行评价,指出不足以便日后纠正。

> **考点提示**
> 礼仪中美的微笑的标准和常见的微笑训练法

3. 嘴语 嘴和眼睛一样,可以提供很多有价值的信息。主要形式有:挤压嘴唇,这个动作好像是大脑在告诉你闭上嘴巴,一种消极情感的反映,表示遇到麻烦了。缩拢嘴唇,说明对方不同意他人所说的内容,或他正在酝酿着转移话题。

4. 眉语 眉毛和眼睛一起,除了是仪表的重要部分,还能体现人的心情。例如,眉飞色舞表示心情好;横眉冷对表示愤怒。

三、环境语言沟通

环境语言沟通是指人们自身因素以外的环境因素传递沟通信息的过程。当中的环境因素包括:如沟通环境的设计、布局、布置、光线等的物理环境,如座位安排、空间距离等的空间环境,如沟通时间的安排、长短、是否守时等的时间环境。

> **考点提示**
> 环境语言沟通的概念

(一) 环境设置

1. 场所的设计 场所设计,包括房间的布局、房间颜色搭配和房内的陈设。

2. 座位的设置 古往今来,人们在社交场合安排座次颇有讲究,地位高低在座位表中一目了然。室内座次安排的原则是坐西面东最尊贵,其次坐北面南,再次坐南面北。

3. 朝向的设计 交流双方的位置朝向也透露了一定信息,常见的朝向有:面对面,显示沟通双方不同的关系,讨论、协商或争吵时都可能使用,常见于商务沟通。背对背,主要显示无沟通意愿,关系非常亲密的人聊天有时也使用这种朝向。肩并肩,显示关系亲密,表达同心协力,常见于非正式沟通场合。"V"字形,在面临引发冲突时使用,可以给自己腾出思考和调整的空间,淡化敌意。

(二) 时间环境

沟通时间的选择、交往间隔的长短、沟通次数的多少以及赴约的迟早,都透示出行为主体的品行和态度。例如,有时女性与异性约会时,故意让对方稍等一会儿,希望体现她的矜持。

因文化差异,不同文化背景下的人们在时间取向和时间习惯上表现不一。例如,准时在不同文化中有不同的理解,即使同一文化在不同场景下对准时也有区分。在美国参加会议,提前5分钟到场是准时;但是参加家庭聚会,迟到5~10分钟才是得体。在美国,有预备时间之说,去别人家做客,人们会比预定时间迟5~10分钟到达,留给主人准备时间,提前到达会让主人因未准备好而手忙脚乱。在中国做客别家,有些人有时会提早到达,以表尊敬。

(三) 空间距离

空间距离是非常重要的环境沟通语言,不同的空间距离能够表达不同的意义和情感,甚至可反映不同的宗教、文化背景。

考点提示
空间距离的分类

一般情况下,每个人都不想侵犯他人的空间,也不愿意自己的空间受他人侵犯。人们的亲密程度与双方的空间距离成正比。美国人类学家爱德华·霍尔把人际关系中的空间距离分为:亲密距离、私人距离、社交距离和公众距离。

1. 亲密距离(0~45cm)　又称亲密空间,语义:亲密、亲切、热烈,可有身体接触。人们对这个空间充满强烈的防护心理,像对待私有财产一样,只有感情特别亲近的人或动物才被允许进入,对无权进入者的闯入深感不安。即使因拥挤而被迫进入该空间,也应尽量避免有任何身体接触,更不可将目光集中在对方身上。

(1) 近位距离(0~15cm):一个亲密无间的距离空间,常用于恋人、夫妻或父母与年幼子女之间,常伴有肌肤相触。

(2) 远位距离(15~45cm):一个可以肩并肩、手挽手,说悄悄话、谈论私情的距离,常用于亲戚、密友和宠物。

2. 私人距离(45~120cm)　又称个人距离、身体区域,语义:有分寸感、友好,可有身体接触,属于一般朋友、熟人交往的空间。在酒会、公司聚餐或其他友好的社交场合,人们通常保持这一距离,是护患关系的理想距离。

(1) 近位距离(45~75cm):可与亲友亲切握手和友好交谈,在酒会交际较常见。

(2) 远位距离(75~120cm):亲密朋友、熟人可随意进入此区域,有较大开放性。

3. 社交距离(120~360cm)　语义:严肃、庄重,体现一种社交性的较正式的人际关系。

(1) 近位距离(120~210cm):一种理解性的社交距离,常用于工作环境中的上下级谈话,一般社交聚会上陌生人间或商务活动中客户间商谈事务,眼视光工作中的验光师与顾客之间也属于该距离。

(2) 远位距离(210~360cm):这是正式社交场合、商业活动、国事活动等采用的距离。例如,一些领导人或企业老板的办公桌的宽2m以上,设计所体现的就是距离和威严。

4. 公众距离(360cm以上) 又称大众区域,语义:自由、开放,是人际交往中领域观念最大的距离,一切人皆可自由进入的空间。

(1) 近位距离(4m之外):这是小型活动的讲话人和观众的距离,师生距离属于这个区域。

(2) 远位距离(8m之外):这是大型报告会、听证会、文艺演出时主讲人或演出者与观众的距离。

上述四种空间距离,只是人际交往的大致模式,在人际具体接触中可视具体情况变化,结合对方的年龄、性别、性格、情绪、文化和地位等因素,进行调整。例如,对西班牙人来说,一般关系的两人交谈,他们之间的空间距离是15cm;这一距离对同样是地处欧洲的英国人来说,则是一种个人空间的侵犯,更何况中国人。但在人际交往中,无论人际距离因客观因素有何种变化,我们都必须尊重别人合理的空间范围,同时自己也要注意不追求过分的个人空间,以免给别人造成不便,影响交际效果。

眼视光工作实践中,从业人员应根据不同对象调节人际空间距离。在临床眼科护理工作中,失明或视力暂时受损的患者,由于眼睛看不见,心理上会倍感不安和压抑,护士在与他们沟通时可适当拉近距离,增加他们的安全感。在护理或验光工作中,对儿童和老人可以缩短交谈距离,有利于情感沟通;对沟通层次较低的异性对象,应适度增加交谈距离,给双方更大的沟通空间。

四、非语言沟通在眼视光工作中的应用

(一)解释非语言沟通

沟通中,人们会使用非语言沟通表达各种信息,在眼视光工作实践中,对眼视光从业人员来说,解释其沟通对象的非语言信息非常重要。要准确解释非语言信息,必须做到:对非语言信息敏感和破译非语言信息意义。

1. 对非语言信息敏感 对患者(或顾客)来说,他们在医院(或眼镜店)这个陌生环境中,面对特殊的卫生(或验光)设施,常常会感到恐惧和不安,对护士(或验光师)的非语言行为非常敏感。因此,在眼视光工作实践中,从业人员应该尽量避免可能给患者(或顾客)带来负面影响的非语言行为,同时将能对患者(或顾客)产生积极影响的肢体语和表情语作为日常工作的非语言行为。

对护士(或验光师)来说,对信息敏感也很重要,是解释非语言沟通的第一步,因为如果我们不能首先注意到这些信息,那么我们根本无法解释它们。首先要对患者(或顾客)的非语言信息敏感。如何提高对非语言信息的敏感性? 与他人沟通时,可尝试以下方法:

(1) 在眼视光工作过程中,要反复提醒自己,沟通时除了注意患者(或顾客)的言语信

息,还要加倍留意非语言信息。

(2) 尤其关注能显示患者(或顾客)感受的面部表情,因为面部表情比其他非语言手段更明显表达情绪信息。

(3) 不要忽略患者(或顾客)的语音语调和身体动作,因为这些行为更能显示欺骗性。

2. 破译非语言信息意义 非语言信息携带多种意义。护士(或验光师)要准确解释患者(或顾客)非语言信息的核心是破解患者(或顾客)所表现的非语言行为的意义,关键是把握行为发出者想要传达的真正意义。如何有效破译非语言信息的意义? 与他人沟通时,可进行以下尝试:

(1) 考虑背景:护士(或验光师)在分析、破译患者(或顾客)所表现的非语言信息时,不可忽略患者(或顾客)的背景信息。例如,护士留意到一位患者坐在眼科医院长凳上在默默流泪,一般情况下,我们会自然联想他是悲伤;不过,考虑到医院这一医学背景,也许流泪是眼睛发炎的症状之一,所以护士应该先了解情况,而非盲目上前安慰。

(2) 留意文化:对于手势、接触、目光等信息意义的破译尤其要注意文化差异。护士(或验光师)要多了解工作中可能接触到患者(或顾客)的文化,以便准确解释不同文化中非语言行为的意义。

(3) 要求澄清:当护士(或验光师)不确定自己是否准确理解患者(或顾客)的非语言信息时,最有效的办法就是直接向对方询问。当护士留意到患者在听她讲述眼科手术注意事项时,流露出的表情似乎显示出困惑。这时,护士应该直接询问患者:"请问我的讲述清楚吗"或"您明白吗",以便确认患者是否了解情况。

(二) 表达非语言信息

上文已经叙述过,在眼视光工作中,患者(或顾客)对护士(或验光师)的非语言行为非常敏感。所以,表达非语言信息在沟通中,护士(或验光师)有效表达非语言信息与准确解释非语言信息同等重要。与解释非语言信息一样,表达非语言信息也有改善方法:

一方面,向他人学习。可以多向同行前辈学习,多与行业内擅长非语言表达的人待在一起,与他们多沟通,从实践中学习;也可以多观看一些演讲家、政治家、商界名人等成功人士的演说,留意当中的非语言细节从中学习。另一方面,勤练习,多参加一些能锻炼非语言表达技能的游戏或活动。

● **第三部分 任务**

➤ **布置任务**

任务一:微笑训练。

要求:

1. 学生自由分组,对照礼仪中美的微笑的标准,运用课本介绍的微笑训练法,进行训练。

2. 训练完毕后,学生先组内自评,互相分享经验并指出不足,然后选出一个表现最好的同学为代表,向全班展示微笑。

3. 各组代表展示结束后,互评效果,教师最后总结点评。

任务二:猜哑谜游戏。

要求:

1. 学生自由分组进行游戏。一人不能说话而只能通过动作向其他队员演绎一个词或短语,让他们猜到词语。

2. 游戏完毕后,学生先组内自评,互相分享经验并指出不足,教师最后总结点评。

➤ **作业**

1. 什么是非语言沟通? 非语言沟通有哪些主要形式?

2. 什么是副语言沟通? 比较副语言和语言,以及了解更多副语言线索。

3. 眼视光工作中副语言沟通的主要技巧有哪些技巧? 请举例说明。

4. 什么是身体语言沟通? 身体语言大体可分哪几方面?

5. 眼视光从业人员的整体形象是什么?

6. 什么是肢体语言?

7. 请举例说明常见手、头、肩和腿脚部动作所表达的含义。

8. 什么是身体接触? 常见的身体接触有哪些?

9. 试述身体接触在医护工作中的应用及注意事项。

10. 什么是面部表情语言? 面部表情语言有哪些主要形式?

11. 请举例说明目光的主要形式及所表达的含义。

12. 眼视光工作中的注视有哪些注意事项?

13. 请举例说明微笑有哪些技巧? 如何识别微笑的真伪?

14. 请举例说明常见眉语和嘴语所表达的含义。

15. 什么是环境语言沟通?

16. 试述空间距离的分类。

17. 试述非语言沟通在眼视光工作中的应用。

18. 结合所学的非语言沟通知识和技巧,分析案例 4-1 和案例 4-2。

19. 在日常生活中收集非语言沟通的案例并加以分析。

·●● 参 考 文 献 ●●·

[1] 科里·弗洛伊德. 沟通的力量 成功人际交际交往 12 法. 李育辉,译. 北京:机械工业出版社,2011.

[2] 王静,周丽君. 人际沟通与交往. 北京:高等教育出版社,2015.

[3] 李明,林宁. 人际关系与沟通艺术. 北京:清华大学出版社,2012.

[4] 戚国华,李宁湘. 人际沟通与口才训练. 北京:高等教育出版社,2011.

［5］翁开源.医学人际沟通学.北京:人民军医出版社,2013.

［6］史宝欣.人际沟通与护理实践.北京:人民军医出版社,2011.

［7］闵国光,闵敏.简明验光配镜手册.北京:人民卫生出版社,2012.

［8］呼正林.临床验光经验集(修订版).北京:军事医学科学出版社,2013.

［9］卢孟来.古典散文美化口才.呼伦贝尔:内蒙古文化出版社,2008.

［10］爱德华·霍尔.无声的语言.何道宽,译.北京:北京大学出版社,2010.

第五章
眼视光工作中的人际沟通

教学目标

1. 了解人际关系和人际沟通的作用。

2. 懂得职场上人际关系沟通的重要性,在日常工作中尽可能地发挥其作用。

3. 掌握人际沟通在眼视光工作中的重要性,能在日常沟通中达到理想效果。

4. 熟练、规范地运用各种沟通技巧做好眼视光工作,体现良好的精神状态和专业素养。

● 第一部分　案例

➢ 案例 5-1

有一次,化工厂厂长带领一群客人参观工厂,行经仪表控制室,忽然看见仪表板上有若干颜色不同的指示灯,有亮着的,也有不亮的。有一个指示灯则是一闪一闪的。有人问:"这个指示灯为什么会闪?"厂长回答:"因为液体快到临界点了,如果到达临界点,它就不闪了。"听起来也蛮有道理。想不到厂长刚刚说完,仪表工程师说:"不是的,那个灯坏了。"结果厂长表情极为尴尬。

思考问题:

1. 这个案例给你什么启示?

2. 在日常工作中,要注意什么?

➢ 案例 5-2

某人配眼镜后一戴眼镜就觉得不舒服,勉强戴了三年了,从一开始戴就有这种情况,现在 300 度了。当时,是在某专业眼镜店配的,怀疑可能当时配的时候出了问题!配眼镜是人们日常生活中极为常见的一件事,相信很多人都经历过。但是在现实生活中,往往有的人配了眼镜戴后会感觉很不舒服,甚至会出现视力的下降,这些问题都是什么原因造成的?应该怎么解决?

思考问题:

1. 上述案例给你什么启示?

2. 在眼视光工作中结合上述案例,应注意什么?

➤ **讨论**

1. 我们为什么要学习人际关系沟通?

2. 人际关系沟通在日常生活与工作中起到什么作用?

3. 人际关系沟通在眼视光工作中起到什么样的效应?(引导学生思考并进行讨论。)

● **第二部分　知识**

第一节　眼视光专业人员在各种人际沟通中的角色定位

一、人际关系的含义与相关因素

人际关系是一种较为复杂的社会现象,不同的学科对其理解也不相同。社会学认为,人际关系是指在社会关系总体中人们之间的直接交往关系,表现为社会互动;社会心理学认为,人际关系指人与人之间在心理上的关系,表示的是心理距离的远近;行为科学认为,人际关系是人与人之间的行为关系,体现的是人们社会交往和联系的近况。

(一) 社会关系及其人际关系

凡是在社会共同活动中的人们彼此之间形成的各种关系都可以统称为社会关系。社会关系按其层次可分为三个相互联系的层次。

1. 生产关系　它是人们在社会生产活动中形成的以物质形态为主的关系,是形成其他形态关系的基础,对其他形态关系的性质具有决定性作用,属于社会关系中的最高层次。

2. 社会意识形态关系　它是人们在生产关系基础上,在社会政治生活中形成的意识形态的关系,即政治、道德、法律、宗教等方面的关系。

3. 人际关系　它是人们在社会活动中形成的相互之间各种心理形态的关系。它渗透在各种社会关系的内部,为生产关系和意识形态关系所制约并对其产生调节作用。

在整个社会关系系统中,人际关系属于微观关系,属于最低层次;人际关系以情感心理为基础,且与个体及其社会行为直接联系。任何人际关系都离不开认知、情感和行为三个因素。具备上述要素的任何一种心理倾向就是态度。从人际沟通角度看,它们就是交际态度的三个要素,而交际态度对于人际关系有着极其重要的影响。

(1) 认知是人际关系的前提条件:人际交往层次为认知、识别、理解、建立关系。人际关系的建立总是从对人的认知开始的,如果彼此根本不认识,就不可能建立人际关系。认知过程也对人际关系的调节产生影响。

(2) 情感是人际关系的主要调节因素:情感因素指与人的需要相联系的体验,对满足需要的事物产生积极的情绪体验,而对阻碍满足需要的事物则产生消极的情绪体验。没有情感因素参与调节的人际关系是不可想象的。因为人际关系在心理上总是以彼此满意或不满意、喜爱或厌恶等情感状态为特征的。调节人际关系的情感因素也有不同的水平和强度。调节的作用趋势是人际关系发展水平越高,其调节作用越大。

（3）行为是人际关系的沟通手段:在人际关系中,不论是认知因素还是情感因素,都要通过行为来表现出来。语言和非语言等一切表现个性的行为都是建立和发展人际关系的沟通手段。

(二) 影响人际关系的因素

1. 满足需要 从根本上讲,人际关系的形成取决于它能满足人们生存与发展的需要。人与人之间的亲密或疏远、合作或竞争、友好或敌对,都是心理上距离远近的表现形式,具有较强的感情色彩,反映了人们的需要满足与否的情感体验。人们喜欢给自己带来奖赏的人,讨厌给自己带来处罚的人。

因此,在人际沟通中,沟通者只要分析了解人们的不同心理需要,掌握人们心理需要的特点,并根据这些需要特点去满足对方的心理需求,就可以建立起良好的人际关系。

2. 交际准则 人际关系还受现存的交际准则的影响。人际关系存在着巨大的差别,支配这些关系的准则也各不相同。也许正因为如此,人们显然对不同于现存的交际准则的非一般的那些人际关系感兴趣。例如,许多人对"男人在家做家务,女人外出挣钱"的婚姻家庭关系感到好奇;对下级不顺从上级的关系以及父母与孩子之间完全平等的家庭关系等,觉得莫名其妙。

3. 情感状态 一个满怀深情的人欲与一个充满敌意的人建立关系,这几乎是不可能的。双方情感不和,关系也将终止。如果你给他人雪上加霜,总会有人给你落井下石;反之,只要你为他人雪中送炭,他人也会为你雨中送伞。

4. 时间与空间 与人相处的时间愈长,人际关系就会变得愈复杂。当关系不断得到发展时,许多语言和非语言的沟通方式都会充分发挥出来。沟通的机会愈多,人际关系本身就会变得愈复杂。空间环境对关系的进展和变化也有很大的影响。人际关系是在某个特定的空间环境中产生的。如果你身处课堂,你可能就不会对你的同学发火;当与你有交往的人发生不幸时,你也不会趁机与人断绝关系。

5. 控制问题 人际关系的控制问题一直被认为是一方支配,另一方服从的对立统一体。支配和服从是两个极端,它们在相互作用中处于一种互惠的关系中。换句话说,一方企图控制这种关系,另一方也允许这种控制的存在。例如,家庭父母与子女之间、上下级之间等的交往模式。

6. "自己人"效应 良好的人际关系通常表现为交际双方的相互认同、情感相容和行为近似。相互认同是通过知觉、表象、思维等认识活动而实现的,它是形成良好人际关系的最基本、重要的心理成分。情感相容是以相互喜爱、同情、亲切、友好的形式表现出来的。结合性情感越多,彼此之间越相容。行为近似是指彼此在言谈举止、风度仪表等行为模式方面的类同性。它也是构成良好人际关系不可或缺的重要方面。

7. 灵活性 人及其关系都具有灵活性,充分运用灵活性,交际成功的机会就会更多。

只有适应关系中人的变化、交际准则的变化、情景的变化和社会的变化关系,才能有效地建立良好的人际关系。即关系的变化也要求沟通行为的随机应变。

二、人际沟通在人际关系协调中的作用

(一) 人际关系的作用

在现代社会中,人际关系已经成为影响人们的重要因素。美国著名人际关系专家戴尔·卡耐基说过:一个成功的企业家只有 15% 依靠他的专业知识,而 85% 依靠他的人际关系与领导能力。人际关系的作用表现为五个方面:

1. 了解自己　他人是一面镜子,我们通过与其他人建立关系来了解自己,增强良好的自我感觉。如果不通过别人的看法来证实一下自我评价,自我评价就会不可靠;自我评价得到别人的支持,这种评价与别人对我们的评价不一样,所以我们还需要通过倾听别人的意见来了解自己。

2. 控制环境　良好的人际关系有利于人们建立良好的人际环境。医疗工作是处于一种以人 - 人系统为主的工作环境中的,人际关系对医务人员的工作情绪、日常心境有着较大的影响。和谐、融洽、友爱、团结的人际关系,能够使人们在工作中互相尊重、互相关心、互相爱护、互相帮助,充满友情和温馨。这种人际环境也使人们感到心情舒畅,促进身心健康。反之,在相互矛盾、猜忌、摩擦、冲突的人际关系状态中,人们相互疏远或敌对,会感到心里不安、情绪紧张,这不仅影响医疗工作的顺利进行,也直接影响人们的身心健康。

3. 提高效率　良好的人际关系有利于提高工作人员的工作效率。工作人员在工作中建立良好的人际关系,可以获得他人的支持和帮助,可以协调一致,可以极大地减轻工作压力。即使工作中出现困难,也能够借助周围人的关心帮助顺利解决。与周围的人保持良好的关系,也有利于群体内部气氛的融洽,有利于群体的团结合作,有利于群体的整体效能的发挥。

4. 增进身心健康　人际关系与身心健康有密切关系。人际关系可以致病,也可以治疗疾病。一个人的人际关系良好,心情愉快,就能促进身心健康;反之,一个人如果在工作或是在家庭中人际关系持续紧张,那么在一定条件下可能会导致身心疾病(如神经衰弱、高血压、溃疡等)。改善人际关系对身心疾病的防治有很大作用。

5. 促进行为改变　人际关系对促进人的行为改变有很大作用。人们在交往中,彼此行为相互作用,相互模仿。常言道:近朱者赤,近墨者黑。人际关系好,一方的行为会对另一方的行为起很大的暗示作用。例如,一个不遵守纪律的同学被调到一个人际关系良好的班级,他在这个集体中会逐步与同学建立良好的人际关系,也必然会受到其他同学的影响,逐步克服不良行为,养成良好的行为。

(二) 人际沟通双方的相依关系

人际沟通不同于通信设备间的信息传输。通常,人们总认为滔滔不绝的言谈就是沟通,

以为沟通就是说话,而忘了沟通的真正意义:沟通者的思想、感情必然参与其中。所以,在分析人际关系中的沟通的时候,还必须涉及沟通双方的相依关系。琼斯和杰拉尔德先后研究了人与人相互作用时所发生的各种情况,把沟通双方的相互依从关系分为以下四种:

1. 假相依 沟通双方主要是对自己的计划做出反应,而一方的反应并不取决于另一方的信息。例如,在专题研讨会上的发言,发言方只是陈述自己的观点,发表自己的意见。这种情况好像在沟通信息。其实,发言方既不是信息沟通,也不是对他方发出信息的反馈。

2. 非对称相依 沟通的一方以对方的信息作为自己反应的依据,而另一方却并不根据对方的信息作为自己反应的依据,主要是根据自己的原定计划行事。例如,在面试中,应试者必须根据主考人的问题进行回答。主考人不管应试者对第一个问题的回答如何,总是要按原计划提出第二个问题,应试者也听不到主考人对答案的评议。

3. 反应性相依 一方只对另一方说出的话或做出的事做出反应。例如,两人吵架,甲方出一言,乙方还一语;甲方回敬一句,乙方反击一句。乙方的话完全是针对甲方的话,而甲方的回敬是对乙方话的反应。从某种意义上说,这才是真正的沟通。

4. 彼此相依 沟通双方都依据对方的信息做出反应,同时又都根据自己原有计划进行调节。这就是一般意义的沟通,也是人际关系中最主要的沟通。

(三) 人际关系与人际沟通行为模式

人们对不同类型的人际关系进行研究,总结出了人际沟通行为反应的八种基本模式。如果熟悉和掌握人际沟通行为反应的基本模式,就能在与他人的沟通中预测他人的反应,并采取受益人措施以改善人际关系。

1. 管理、指导、教育等行为,导致对方尊敬和服从等反应。
2. 帮助、支持、同情等行为,导致对方信任和接受等反应。
3. 赞同、合作、友谊等行为,导致对方协助和友好等反应。
4. 尊敬、赞扬、求助等行为,导致对方劝导和帮助等反应。
5. 怯懦、礼貌、服从等行为,导致对方骄傲和控制等反应。
6. 反抗、怀疑、厌倦等行为,导致对方惩罚和拒绝等反应。
7. 攻击、惩罚、责骂等行为,导致对方仇恨和反抗等反应。
8. 夸张、拒绝、自耀等行为,导致对方不信任和自卑等反应。

当然,人的沟通行为是非常复杂的,必须考虑沟通的灵活性。例如:具有良好人际关系的双方也难免会出现不友好的行为;具有不良人际关系的双方,由于某种特殊需要,有时也可能表现出密切的行为关系。因此,沟通技能的提高主要取决于人类沟通行为的基本方式,即沟通的灵活性与关系的灵活性的相互适应。

(四) 人际沟通与人际关系的辩证关系

人际关系与人际沟通既有密切的关系,又有一定的区别。

1. 人际沟通是人际关系的手段 人际关系是在人际沟通的过程中形成和发展起来

的,离开了人际间的沟通行为,人际关系就不能建立和发展。事实上,任何性质、任何类型的人际关系的形成,都是人与人之间相互沟通的结果;人际关系的发展与恶化,也同样是相互交往的结果。沟通是一切人际关系赖以建立和发展的前提,是形成发展人际关系的根本途径。

2. 人际关系是人际沟通的目的 构建人际沟通的理论体系与训练体系,培养良好的人际沟通态度,提高人际沟通的能力,其目的是建立、维护和谐的人际关系。

3. 人际沟通的状况决定人际关系的状况,且相互影响、相互作用。如果人们思想互动、行为互动广泛而持久,就标志着彼此间已经建立起了较为密切的人际关系。

4. 如果两个人感情对立,行为疏远,缺乏沟通,则表明彼此间心理不容、关系紧张。一旦人际关系建立,又会影响沟通态度、制约沟通频率。但是,人际沟通的频率高低与人际关系的亲密程度(疏远程度)并不成正比。例如,在地缘关系中,与陌生人每天见面打招呼,但不一定关系密切。

5. 人际沟通与人际关系研究的侧重点不同 人际沟通研究的重点是人与人之间联系的形式和程序,人际关系研究的重点则是在人与人沟通基础上形成的心理关系。

三、眼视光专业人员在各种关系沟通中的角色定位

社会学中定义的"角色"是指个人在团体中依其地位所承担的责任或所表现的行为模式。一个人在团体中有不同的地位,因此,一个人在不同时间、空间里,会扮演许多不同的角色。在不同角色中,会因其对象的不同,承担不同责任,表现不同的功能。"角色"是社会期望个人所表现的行为模式,因而社会的各种情形不断促成对某一角色的要求。对于眼视光人员也是同样的。

眼视光专业工作人员作为特定的专业人员,其工作因其专业而局限在医院的眼科或专业眼镜商店,从事验光、配镜、眼科相关疾病的诊断与治疗以及专业咨询等工作。因此,在工作性质上,眼视光专业人员既不同于普通的临床医师及护理人员,又不同于单纯的眼镜行业营业员;从而在与患者或顾客进行关系沟通中必然表现出其特殊性。在双方关系沟通中,既受到医患关系、护患关系中的影响因素影响,又会产生一些特殊的影响因素。

例如,作为眼视光工作人员,不仅要处理好与患者之间的关系沟通,还要处理好与医师、护士、顾客、营业员、销售商等之间的关系沟通;而眼视光专业人员由于其专业的特殊性,目前尚未被社会所普遍重视,在多数患者中往往不能正确认识其作用而产生沟通上的不利,而其本身在医院所处的位置又往往因人而异、因院而异,因此容易出现角色不明的现象。因此,作为眼视光专业人员,应在工作中努力减轻和消除这些不利的影响因素,促进和改善患者与眼视光人员之间的关系沟通,在社会中逐步展示出眼视光工作的特色,在为患者(顾客)解除痛苦的同时,与患者(顾客)建立良好的关系沟通。

(一)以服务对象的立场而言

1. 是患者的保护者 医务工作者在接触患者后就应成为患者的保护者,应以解除患

者的疾病痛苦为使命。眼视光人员作为医疗群体的一部分也应如此。

2. 是安慰者 眼视光人员应是患者(顾客)痛苦的最好倾听者,应不厌其烦地认真倾听患者(顾客)的抱怨、担心、害怕,接受其情绪反应,并给予安慰、支持、保证,以减轻其情绪上的压力。

3. 是咨询者 眼视光人员在工作中回答患者(顾客)的疑难,为他们提供专业知识,指导促进健康的方法,简要介绍必要的检查项目及意义,并对治疗方案进行说明等。以帮助患者(顾客)正确对待疾病,有效地增强患者对疾病康复的主动性。

（二）以被服务对象的健康而言

1. 是诊疗者 眼视光专业人员既可是患者疾病诊断治疗计划的提供者,又可是医师对患者制订治疗计划的参与者或治疗计划的执行者。

2. 是计划者 眼视光专业人员所实施的临床诊断、治疗或各项检查的本身就是一系列计划的步骤与措施。作为眼视光专业人员应用专业知识及其敏锐的判断力,为患者制订整体性、有意义、有效的诊断与治疗计划,目的是促进患者的早日康复。所以说眼视光人员也是计划者。

3. 是沟通者 眼视光专业人员在与患者的接触与沟通中获取的患者各种问题及检查结果应及时地传达给医师,并在沟通中向患者解释各种检查目的和治疗措施。

4. 是康复指导者 眼视光专业人员依照其专业知识和技能,指导和训练患者在限制下发挥其身体最大的能力,提高其自主生活能力;同时进行心理康复有助于增强其面向社会后的心理承受能力。

（三）依工作性质而言

1. 是供应者与实施者 眼视光专业人员应为医师提供检查及治疗所需的一切物品,并提供一个治疗性环境。管理与维护好眼科各种较大型医疗设备。同时也是独立进行各种眼科检查及治疗的专业操作者。

2. 是指导者 眼视光专业人员在医院应依患者的疾病种类、教育程度及接受程度,给予适当的卫生知识宣教。同时也应指导家属等协助观察病情、做好生活护理及明确各种注意事项。并承担对实习生的指导工作。

3. 是研究者 由于专业知识的不断扩展与进步,眼视光专业人员也应对本专业的知识进行不断更新和研究。只有不断学习研究,才能提高个人的专业水平。

第二节 眼视光工作中的人际沟通关系

一、眼视光工作人员与患者(顾客)及家属之间的关系沟通

眼视光工作与临床其他专业人员工作一样,存在着许多关系,这些关系统称为专业性人际关系。眼视光工作中的人际关系包括:眼视光专业人员 - 患者,眼视光专业人员 - 患

者家属,眼视光专业人员-顾客,眼视光专业人员-医师,眼视光专业人员-护士,眼视光专业人员-供货商,眼视光专业人员-其他人等关系。发生在这些关系中的沟通受关系中每一个人所担任的角色影响,同时也受关系中双方的相互期望影响。因此,处理好这些关系,特别是处理好眼视光专业人员与医师、护士、患者及商务活动中的各种关系,是做好眼视光各项工作的重要条件。

(一) 眼视光工作人员与患者(顾客)之间的关系沟通

眼视光工作人员与患者(顾客)之间的关系,具有一般人与人之间关系的相同之处,如这种关系是双向的,是以一定目的为基础的,是在特定的背景下形成的。但是,眼视光工作人员与患者(顾客)之间的关系显然具有其独特的性质与特点。

1. 眼视光专业人员与患者的关系,不仅仅是某一个人与患者的关系,而是两个系统间的关系,即帮助系统与被帮助系统之间的关系。帮助系统包括医护人员、验光人员、检验人员、卫生行政人员等,被帮助系统则包括患者、患者家属及他们的同事等。而作为某一个掌握一定医学专业知识和技能的专业人员与患者之间的关系往来,只不过是这两个系统往来的体现。作为专业人员,为患者提供某种帮助,实质上是执行帮助系统的具体任务;而患者接受帮助,则体现了患者、患者家属的要求。

2. 由于每一个人都有其个人的感情、知识积累和对事物的看法,都有各自的个人阅历和社交经验。因此,在专业人员与患者(顾客)的相互关系中,就不可避免地会出现对事物的不同认知程度,并且会影响双方的关系。

3. 专业人员与患者关系的实质是,作为掌握一定医学专业知识和技能的专业人员,在与患者之间建立关系的同时,就具有了明确的目的性,即为了解决患者健康问题。同时,它有特定的时间性,当患者产生健康问题而与专业人员接触时,这种关系即存在;当健康问题解决后,这种关系即告结束。这点正是患者与医务人员之间关系的独特之处。

4. 在专业人员与患者(顾客)之间的关系中,专业人员是决定这一关系的主要方面。这在眼视光工作中同样如此。患者(顾客)到医院接受治疗或到专业眼镜商店验配眼镜,由于专业知识的缺乏,在诊疗过程中通常处于被动地位。因此,在专业人员与患者(顾客)关系出现问题时,作为关系沟通中的主要方应积极主动地消除消极因素,这是对窗口行业提出优质服务的主要原因,也是医疗行业中作为专业人员与患者建立人际沟通时应放在首位的认识问题,还是患者与医学专业人员关系的一个特点。

(二) 眼视光工作人员与家属之间的关系沟通

与家属间的有效沟通,实际上是对患者关系沟通的一种补充,是做好患者工作的重要部分。家属是患者病情的知情者,而患者的病情变化、治疗效果观察等在很大程度上要依靠家属的细心观察。同时,家属是患者心理情绪稳定的重要因素,家属的心理情绪既受患者的影响,同时也影响患者。作为临床医务人员,应及时向患者家属通报疾病的诊断、预后、病情变化、治疗状况、必要的检查项目,以及各种注意事项和保健常识;应对家属提出的各种问题给予耐心、细致、通俗易懂的回答,并指导家属协助患者恢复。

二、医师、护士与眼视光工作人员之间的关系沟通

眼视光专业人员与其他医务人员之间的关系是一种同一集体中的合作共事的关系。医务人员内部建立富有集体主义精神的良好合作关系,是提高医疗卫生服务质量,树立良好的卫生行业形象,更好地为患者服务的基础。

1. 眼视光工作人员在与其他医护人员关系中的角色特征 现代医院是一个以患者为中心的健康服务群体。眼视光专业人员与这种服务群体中的各方面人员建立良好关系团结一致地共同为患者负责,才能显示出最佳的健康服务效率。

眼视光专业人员在医院主要是在眼科从事专业性检测工作及眼科疾病的诊疗工作。在眼科健康服务群体中,由于眼视光专业的特殊性,其与各方面人员的关系也具有以下特殊性:与医师的关系最为密切。在与医师群体关系中,眼视光专业人员是医师的助手,参与对患者的诊断与治疗,眼科专业检测方面是其特长,如验光、配镜、镜片的设计、检查眼底等。眼视光专业人员可为医师提供可靠的依据;但在眼科疾病的治疗中又往往处于辅助地位。在与护理群体关系中,眼视光专业人员在眼科专业检测方面可以是护理人员的老师,可以指导护士完成眼科疾病的很多专业操作,是眼科护士的良师益友,帮助护士完成"执行医嘱"和"配合抢救"等工作。此外,眼视光专业人员与眼科以外的各种群体也可以独立地建立各种关系沟通。

2. 内部相互关系的影响因素 眼视光专业人员与医护人员的内部关系沟通也会受到一些特殊因素的影响。主要是角色心理压力过重及对该专业理解不够。在目前的医院里,眼视光专业人员的角色定位尚未完全确定,各医院及社会对该专业了解不够,眼科工作中眼视光专业的工作职责、工作范围、与医师和护士之间的隶属关系等在一些医院尚无明确的规定。因此,造成眼视光专业人员在眼科中分工不明确,专业定位不准确,继而使眼视光专业人员产生不满情绪或不安于现状的表现。

3. 眼视光专业人员在内部关系沟通中的积极作用 从事眼视光这一较新的临床专业,需要眼视光专业人员对自身专业充满信心,在临床工作中准确定位,努力做好本职工作,充分体现本专业的专业水平,加强与各种群体间的相互沟通。随着人们对眼保健意识的增强,眼科医疗工作的进一步细化及眼科疾病的日益增多,眼视光专业在眼科的诊断、治疗等各方面将显示出其特有的作用。

第三节 商务行为中的人际关系沟通技巧

一、眼视光工作中的商务行为

眼视光工作中的商务行为主要表现在专业眼镜行业中,在眼镜行业的视力矫正及眼镜销售过程中必然会表现出特有的商务行为。其商务行为中,除眼镜销售与一般商业行

为的内涵相同外,尚涉及对眼科疾病如近视、远视、散光、斜视等的诊断、矫正治疗等。因此,在遵循一般商务行为的同时,应体现出尊重科学、实事求是及精益求精的医疗行为准则与道德。应充分尊重顾客,视顾客为上帝。

二、商务行为中的关系沟通艺术

商务人员与顾客间的关系沟通是吸引顾客回头率的关键。作为商务人员,应仪表整洁,举止得当,热情服务,礼貌待客,百问不厌,讲究语言艺术。在眼镜行业的商务行为中,商务人员应对眼镜的品种、价格、使用方法、如何验配、生产、加工以及眼科常见疾病等有基本的了解,才能对顾客提出的各种问题对答如流,才能赢得顾客的信任。

而商务人员与眼镜店中的专业验光配镜人员间的关系沟通是内部两个群体间的沟通。双方应相互尊重,相互配合。不能在顾客面前随便议论、责难,甚至流露出鄙视等情绪。而专业人员在验光配镜中,应尊重顾客的意见,认真倾听顾客的述说,正确诊断其原因所在,在操作中应认真细致,一丝不苟,应正确回答和解释顾客提出的各种问题,及时告诉顾客有关注意事项。急顾客之所急,一切为顾客着想。

第四节 人际关系沟通能力训练

(一) 努力提高自身综合素质

眼视光人员自身条件的充实与否,在很大程度上决定了对服务对象的帮助和满足服务对象期望的程度。自身条件包括:专业水平、身体健康状况及良好的心理承受能力。

专业水平是做好眼视光工作的首要的条件,应该明确的是眼视光专业也是一种学科的体现,其融入了多学科的知识体系,只有具备良好的知识架构,融心理学、社会学、伦理学、美学及人际关系学于一体,才能和谐、有效地使沟通达到目的。身体方面不仅是健康没有疾病,还应注意自身的形体、仪表及反应能力。合适的形体和仪表不仅能给服务对象以美好的形象,增强沟通的自信,而且有利于对突发事件做出敏捷的反应,迅速、准确地完成各种工作。在日常工作中,常会看到有的工作人员把自己心情上的不愉快发泄到工作中去,无精打采地对待服务对象,对患者的痛苦无动于衷。

(二) 尽力营造良好的诊疗环境

良好的诊疗环境是指建立一个使患者在身体及心理上都能感觉到舒适且朝向健康发展的环境。首先包括患者正常的生活环境、安全可靠的治疗环境,如验光配镜的技术水平、必备的医疗设备、工作人员的工作作风;同时也包括每一种具体检查、治疗的环境等。一个优秀的工作人员应学会与患者讨论他们的每一种需求,以了解他们的习惯和心理要求,并力求寻找到适当的方法以满足患者的需要。

(三) 努力营造良好的商务环境

眼镜商店在为顾客提供商业服务中,首先就应有必备的销售设备、优良的卫生环境。

作为工作人员,不仅应熟悉商业销售中的基本礼仪,同时应掌握基本的眼视光方面的专业与临床有关知识,如屈光不正产生的原因,矫正的方法,镜片的选择,眼镜框与面部美学等。唯有硬件与软件的有机结合,才能为顾客提供一个良好的商务环境。

(四) 真诚、坦率的态度

真诚坦率的态度是指当工作人员与患者(顾客)产生互动关系时,不应只表现在表面上,而应以真诚、亲切、和蔼的态度去对待患者(顾客),不虚伪、不装腔作势、不冷若冰霜,保持愉快的情绪。

(五) 体贴与温暖

工作人员能够以一种无条件的方式来表达真诚的照顾与温暖,营造一种使人心情愉悦的环境。这种温暖表现为:无论患者有什么感觉,是否对自己怀感激之情,都能全身心地体贴与关心患者,而不是为了从患者那里得到什么或占有患者的什么,才去热情地为患者服务。体贴与温暖,常常不是经语言传递给患者的,而是通过面部表情、说话声调、身体姿态等使患者体察到对自己的冷暖。事实上,工作人员应养成高度的自我觉察能力,换句话说,真正对患者有帮助的工作人员,经常会去确认及评价自己的感觉及行为。以下几种方式有助于表达出体贴与温暖的感觉:①眼睛温和地注视着患者;②说话声音柔和且清楚;③把专业性术语换成日常用语与患者沟通;④脸部位置的高度与患者等高;⑤沟通时距离保持在 1m 左右;⑥专心倾听患者的语言,适时地发表意见;⑦温和地触拍患者的肩膀或握患者的手。

(六) 具体、直接的沟通

具体的沟通是指工作人员鼓励患者将其所关心的事,用特殊的及个人的语句表达出来。也就是说,工作人员在与患者讨论问题时,应采用清楚的言语,而不用模糊的一般性言语。直接的沟通是强调工作人员与患者之间的治疗性互动关系。正确认识治疗性互动关系之间所发生的任何情绪反应对治疗都是很重要的。而这种沟通方式可以减少沟通中的障碍,化解沟通中的矛盾,使双方有效的沟通能顺利进行。

(七) 严格遵守医疗保密制度

在医务人员与患者的治疗性关系中,患者往往愿意和医务人员分享对他有意义的信息、感觉及经验等,而医务人员常掌握或了解相关患者个人重要的或隐私的事情及病情等;而这些信息可为医务人员在诊断与治疗中提供帮助。作为医务人员不可以将有关患者重要的或隐私性事情与没有参与对该患者进行专业照顾的人进行讨论。也就是说,医务人员不可以与朋友闲谈有关患者的病情,或在专业性场合以外的地方谈论患者的病情。这种行为将破坏专业人员的威信,也是不道德的。

(八) 询问与咨询

询问是指医务人员以非评论性的态度指出患者的问题所在,如果能够准确且熟练地使用,对于诊断与治疗是非常有帮助的。敏锐的询问也包括将所看到的语言及非语言的行为说出,询问患者的行为、声音或姿态所表达的意义是非常重要的,可以让医务人员更清晰地了解患者的心情。

咨询是每一位医务人员应尽的职责。当患者对其病情提出咨询时,医务人员应在不违背保密制度的原则下尽可能用通俗易懂的语言、和蔼的态度,准确而耐心地解答各种问题,以消除患者的焦虑、疑惑及不安定的情绪。

(九) 同感心

是指医务人员应尽力地去了解患者的感觉。这并非要医务人员亲身体会这些感觉,而是主动接受及了解不同患者的感觉。也就是说,医务人员可以利用观察、语言表达和非语言的行为来了解各种患者的不同的感觉,然后利用反应、复述、澄清等良好的沟通技巧来验证他的感觉正确与否。久之既可以提高医务人员的诊断水平;又让患者感受到医务人员能理解他,或者至少非常努力地想去了解他,这会让患者感到相当高兴。

与同感心容易混淆的概念为同情心,同感心能客观地意识到自己与对方的感觉,但不会与对方的情绪纠缠在一起;而同情心已主观地介入了对方的感觉、情绪,这是有很大区别的。

● 第三部分 任务

➤ 布置任务

收集一天中自己所发生的事,结合本章的理论知识,分析存在的问题,总结经验。

要求:

1. 请举例说明人际关系沟通不良影响到人际关系的事实。

2. 指出为什么说人际关系沟通是通人我之情。

3. 分析如何能增强自己的人际沟通能力。

4. 自我总结。

➤ 作业

1. 人际沟通与眼视光工作有哪些密切关系?

2. 人际关系沟通的基本条件和影响因素有哪些?

3. 加强人际关系沟通对做好眼视光工作有哪些促进作用?

··● 参 考 文 献 ●··

黄力毅 . 人际沟通 . 北京:人民卫生出版社,2003.